Mängelexemplar

»Ich bin das Land. Meine Augen sind der Himmel. Meine Glieder sind die Bäume. Ich bin der Fels, die Wassertiefe. Ich bin nicht hier, um die Natur zu beherrschen oder sie zu nutzen. Ich bin selbst Natur...«

Indianische Weisheit

# INHALT

**Neuengland**     24
Acadia National Park     26
Küste von Maine     28
Camden     32
Baxter State Park     34
Mount Washington     38
White Mountains National Forest     40
Northeast Kingdom     42
Boston: Downtown     44
Martha's Vineyard, Nantucket     48
Newport     50

**Mid-Atlantic States**     52
Niagarafälle     54
Adirondack State Park     56
Catskill Mountains     60
Hudson River Valley     62
Long Island     64
New York     68
New York: Statue of Liberty     72
New York: Financial District     74
New York: One World Trade Center und Ground Zero     76
New York: Brooklyn Bridge     78
New York: TriBeCa     82

New York: Chinatown     84
New York: SoHo     86
New York: Little Italy     88
New York: Lower East Side     90
New York: Chelsea und Meatpacking District     92
New York: Empire State Building     94
New York: Grand Central Station     96
New York: Chrysler Building     98
New York: Park Avenue     100
New York: Times Square     102
New York: Live on Broadway     104
New York: Rockefeller Center     106
New York: Fifth Avenue     108
New York: Solomon R. Guggenheim Museum     110
New York: Central Park     112
New York: Harlem     116
American Football     118
Gettysburg     120
Philadelphia     122
Philadelphia: Downtown & Altstadt     124
Baltimore     126
Chesapeake Bay     128
Washington, D.C.     130
Washington, D.C.: Weißes Haus     132

| | |
|---|---|
| Washington, D.C.: National Archives | 134 |
| Washington, D.C.: National Gallery of Art | 136 |
| Washington, D.C.: National Museum of Natural History | 138 |
| Washington, D.C.: Constitution Gardens | 140 |
| Potomac River: Great Falls | 142 |
| Blue Ridge Mountains | 144 |
| Shenandoah National Park | 146 |
| Jamestown Island | 150 |
| Babcock State Park | 152 |

## Southern States 154

| | |
|---|---|
| Cape Hatteras National Seashore | 156 |
| Charlotte | 158 |
| Great Smoky Mountains National Park | 160 |
| Blue Ridge Parkway | 164 |
| Sumter National Forest | 166 |
| Francis Marion National Forest | 168 |
| Atlanta | 170 |
| Savannah und Macon | 172 |
| Tybee Island | 174 |
| Jekyll Island State Park | 176 |
| Okefenokee National Wildlife Refuge | 178 |
| Mississippi River | 180 |
| Memphis | 182 |
| Ozark Mountains | 184 |
| Baton Rouge | 186 |
| Plantation Houses | 188 |
| New Orleans | 190 |
| Atchafalaya National Wildlife Refuge | 192 |
| Caddo Lake National Wildlife Refuge | 194 |
| Daytona Beach | 198 |
| Cape Canaveral | 200 |
| St. Johns River | 202 |
| Palm Beach | 204 |
| Boca Raton | 206 |
| Fort Lauderdale | 208 |
| Miami | 210 |
| Miami Beach | 214 |
| Miami Beach: Ocean Drive | 216 |
| Everglades | 220 |
| Key Largo | 224 |
| Islamorada | 226 |
| Florida Keys National Marine Sanctuary | 228 |
| Key West | 230 |
| Ocala National Forest | 232 |
| Crystal River | 234 |
| Tampa Bay | 236 |
| Fort Myers | 238 |
| Naples | 240 |

## Midwest 242

| | |
|---|---|
| Detroit | 244 |
| Lake Huron | 246 |
| Lake Michigan | 248 |
| Ottawa National Forest | 250 |
| Porcupine Mountains Wilderness State Park | 252 |
| Pictured Rocks National Lakeshore | 254 |
| Columbus | 256 |

| | |
|---|---|
| Cincinnati | 258 |
| Indianapolis | 260 |
| Mammoth Cave National Park | 262 |
| St. Paul | 264 |
| Minneapolis | 266 |
| Superior National Forest | 268 |
| Upper Mississippi River | 270 |
| Wisconsin Countryside | 272 |
| Devil's Lake State Park | 274 |
| Northern Highland State Forest | 276 |
| Iowa Countryside | 278 |
| Chicago | 280 |
| Chicago: Downtown | 284 |
| Chicago: Millennium Park | 286 |
| Chicago Bulls | 288 |
| St. Louis | 290 |
| Kansas City | 292 |
| Theodore Roosevelt NP, Little Missouri NP | 294 |
| Wind Cave National Park | 296 |
| Indianer | 298 |
| Mount Rushmore, Crazy Horse Memorial | 300 |
| Badlands National Park | 304 |
| Tallgrass Prairie National Preserve | 308 |

## Rocky Mountain States — 310

| | |
|---|---|
| Glacier National Park | 312 |
| Sawtooth Mountains, Shoshone Falls | 316 |
| Upper Missouri River | 320 |
| Yellowstone National Park | 324 |
| Devils Tower | 326 |
| Smith Valley | 328 |
| Reno | 330 |
| Great Basin National Park | 332 |
| Las Vegas | 334 |
| The Venetian | 338 |
| Great Salt Lake | 340 |
| Arches National Park | 342 |
| Canyonlands National Park | 346 |
| Bryce Canyon National Park | 350 |
| Zion National Park | 354 |
| Capitol Reef National Park | 358 |
| Grand Staircase Escalante National Monument | 362 |
| Glen Canyon National Recreation Area | 366 |
| Glen Canyon National Recreation Area: Rainbow Bridge National Monument | 370 |
| Horseshoe Bend | 372 |
| Vermilion Cliffs National Monument | 374 |
| Dinosaur National Monument | 378 |
| Denver | 380 |
| Rocky Mountain National Park | 384 |
| White River National Forest | 386 |
| Gunnison National Forest | 388 |
| Black Canyon of the Gunnison National Park | 390 |
| Mount Sneffels Wilderness | 392 |
| Great Sand Dunes National Park | 396 |
| Mesa Verde National Park | 398 |

| | |
|---|---|
| **Southwestern States** | **400** |
| Monument Valley | 402 |
| Canyon de Chelly National Monument | 406 |
| Grand Canyon National Park | 408 |
| Marble Canyon | 412 |
| Antelope Canyon | 414 |
| Hualapai Reservation | 418 |
| Montezuma Castle, Wupatki National Monument | 420 |
| Slide Rock State Park | 422 |
| Painted Desert und Petrified Forest National Park | 426 |
| Phoenix | 428 |
| Sonoran Desert | 430 |
| Organ Pipe Cactus National Monument | 432 |
| Saguaro National Park | 434 |
| Tucson und Mission San Xavier del Bac | 436 |
| Geisterstädte | 438 |
| Santa Fe | 440 |
| Chimayo | 442 |
| Taos Pueblo | 444 |
| Anasazi-Kultur | 446 |
| Route 66 | 448 |
| Very Large Array Radio Telescope | 450 |
| Bosque del Apache National Wildlife Refuge | 452 |
| White Sands National Monument | 454 |
| Austin | 456 |
| Amarillo | 458 |
| Palo Duro Canyon State Park | 460 |
| Guadalupe Mountains National Park | 462 |
| Big Bend National Park | 464 |
| Rio Grande | 466 |
| Western Movies | 468 |
| Dallas | 470 |
| Fort Worth | 474 |
| San Antonio | 476 |
| The Alamo | 478 |
| Mission San José | 480 |
| Houston | 482 |
| Houston Space Center | 484 |
| **Pacific States** | **486** |
| Seattle | 488 |
| Olympic National Park | 492 |
| North Cascades National Park | 496 |
| Mount Baker, Snoqualmie National Forest | 498 |
| Mount Rainier National Park | 500 |
| Mount St. Helens: Die Erde bebt | 504 |
| Palouse Hills | 506 |
| Palouse Falls State Park | 508 |
| Portland | 510 |
| Silver Falls State Park | 512 |
| Northern Oregon Coast | 514 |
| Newport | 518 |
| Heceta Head | 520 |
| Cape Sebastian | 522 |
| Seal Rock State Park | 524 |
| Bandon | 526 |
| Rogue River, Siskiyou National Forest | 528 |
| Mount Hood National Forest | 530 |

| | |
|---|---|
| Smith Rock State Park | 532 |
| Mount Washington | 534 |
| Deschutes National Forest | 536 |
| Crater Lake National Park | 538 |
| Redwood National Park | 542 |
| Point Reyes National Seashore | 546 |
| Drakes Bay | 548 |
| Lava Beds National Monument | 550 |
| Mount Shasta | 552 |
| Lake Tahoe | 554 |
| Sacramento | 558 |
| Napa Valley | 560 |
| San Francisco | 562 |
| San Francisco: Golden Gate Bridge | 566 |
| San Francisco: Fisherman's Wharf | 568 |
| San Francisco: Transamerica Pyramid | 570 |
| San Francisco: Nob Hill | 572 |
| San Francisco: Cable Cars | 574 |
| San Francisco: Alamo Square | 576 |
| San Francisco: Bay Bridge | 578 |
| San Francisco: Alcatraz | 580 |
| Monterey, Monterey Bay | 582 |
| Carmel-by-the-Sea | 584 |
| US Highway 1 | 586 |
| Big Sur | 590 |
| Point Lobos State Reserve | 592 |
| Julia Pfeiffer Burns State Park | 594 |
| Hearst Castle | 596 |
| Morro Bay | 598 |
| Santa Barbara | 600 |
| Santa Barbara: County Courthouse | 602 |
| Channel Islands National Park | 604 |
| Malibu | 606 |
| Los Angeles | 608 |
| Los Angeles: Beverly Hills | 612 |
| Los Angeles: Walk of Fame | 614 |
| Los Angeles: Universal Studios | 616 |
| Anaheim | 618 |
| Long Beach | 620 |
| Yosemite National Park | 622 |
| Kings Canyon National Park | 626 |
| Sequoia National Park | 628 |
| Mono Lake | 630 |
| Bodie Ghost Town | 634 |
| Alabama Mountains, Owens Valley | 638 |
| Inyo National Forest | 640 |
| Death Valley National Park | 644 |
| Red Rock Canyon State Park | 648 |
| Antelope Valley | 650 |
| La Jolla | 652 |
| San Diego | 654 |
| Joshua Tree National Park | 658 |
| Salton Sea | 660 |
| Mojave National Preserve | 662 |

| | |
|---|---|
| **Alaska** | **666** |
| Chukchi Sea | 668 |
| Nunivak Island | 670 |

| | |
|---|---|
| Pribilof Islands | 672 |
| Aleuten | 674 |
| Augustine Island | 676 |
| Round Island | 678 |
| Yukon-Delta | 680 |
| Gates of the Arctic National Park | 684 |
| Denali National Park | 688 |
| Katmai National Park | 692 |
| Kenai Fjords National Park | 694 |
| Chugach State Park | 698 |
| Glacier Bay National Park | 700 |
| Inside Passage | 702 |
| Wrangell-St. Elias National Park | 704 |
| **Hawaii** | **708** |
| Big Island: Hawaii Volcano National Park | 710 |
| Big Island: Hamakua Coast | 712 |
| Maui: Hana Coast | 714 |
| Maui: Haleakala National Park | 716 |
| Moloka'i | 718 |
| Oahu: Honolulu | 720 |
| Surfen | 722 |
| Hula | 724 |
| Kaua'i: Waimea Canyon State Park | 726 |
| Kaua'i: Na'pali Coast State Park | 730 |
| Bildnachweis | 734 |
| Impressum | 736 |

# NEUENGLAND

Die ehemaligen Kolonien und heutigen US-Bundesstaaten Connecticut, Maine, Massachusetts, New Hampshire, Rhode Island und Vermont bilden den Nordostteil der USA. Der Name Neuengland geht auf den Engländer John Smith zurück, der diese wunderschöne, teils raue, teils sanfte Küstenregion im Jahr 1614 erkundete. Sechs Jahre später begann mit der Landung der Mayflower die permanente Besiedlung dieser Region durch Engländer. In vielen Orten ist die Geschichte noch immer lebendig – in historischen Häusern und vorbildlichen »Living History Museums«.

# ACADIA NATIONAL PARK

Der im Jahre 1919 gegründete Acadia-Nationalpark an der Küste von Maine ist einer der meistbesuchten Nationalparks der USA. Besonders im Herbst, wenn das Laub der ungezählten Bäume in allen Farben leuchtet, strömen die Besucher auf Mount Desert Island. Die Verfärbung der Blätter im Herbst ist ein nationales Ereignis, über das man sich sogar per Telefon und im Internet informieren kann. Im Acadia-Nationalpark ist sie besonders intensiv. Eine Fahrt über die asphaltierte Park Loop Road und auf den Cadillac Mountain hinauf führt am Sand Beach zum Thunder Hole, wo der Atlantik durch tiefe Felsenlöcher rauscht, und zum Jordan Pond, einem weiten und stillen See. Befestigte Kutschenstraßen führen in das bewaldete Hinterland. Dort hört man den geheimnisvollen Ruf des Loon, eines Vogels, der in Maine auch »Nachtigall des Nordens« genannt wird.

# KÜSTE VON MAINE

Die schroffe Küste von Maine zählt zu den gefährlichsten der Welt. Heftige Stürme wie in dem Hollywood-Film »Der Sturm«, der auf einer wahren Begebenheit beruht, dichter Nebel und die vielen Felseninseln machen das Navigieren ohne GPS und Radar zu einem Abenteuer. Früher wohnten die »Lighthouse Keeper« in den Türmen, waren oft monatelang allein und wurden zu Helden, wenn sie Schiffbrüchige aus dem Wasser retteten. Wegbereiter für den Bau von Leuchttürmen an der Küste von Maine war George Washington, der erste Präsident der USA. Im Jahr 1789 unterzeichnete er ein entsprechendes Gesetz. Heute führt eine eigene »Lighthouse Route« zu den vielfach als Museum genutzten Technikdenkmälern. Das Vorzeigedorf an der Küste von Maine heißt Camden. Vom nahen Mount Battie blickt man auf die halbmondförmige Bucht und den romantischen Hafen.

# CAMDEN

Mit seinen pittoresken Kapitäns- und alten Herrenhäusern, eingebettet zwischen malerischem Hafen an der Felsenküste und waldiger Hügellandschaft, gilt Camden in Maine nicht nur als amerikanischer Bilderbuchort, sondern sogar als einer der schönsten in ganz Neuengland. Das Stadtmotto »Wo die Berge dem Meer begegnen« beschreibt treffend, weshalb so manche reiche Familie des Nordostens hier traditionell den Sommer verbringt – oder sich in den sehenswerten Landsitzen in den Hügeln angesiedelt hat. Die charmante Altstadt lockt historisch Interessierte und dient immer wieder als Kulisse für Filme und Fernsehserien. Im Sommer verdreifachen Besucher und Sommerfrischler Camdens Einwohnerzahl. Zahlreiche Kunst- und Kulturevents locken zusätzlich zur Natur. Den wohl besten Blick über die Idylle von Ort und Küste bietet eine Tour auf die Kuppe des Mount Battie.

# BAXTER STATE PARK

Der beliebte Fernwanderweg Appalachian Trail, der sich an der Ostküste der USA entlangzieht, endet im Norden mit dem 1606 Meter hohen Baxter Peak auf Mount Katahdin. Hier soll nach indianischer Überlieferung der Sturmgott Pamola hausen. Doch eher friedlich wirken die Berge, mit malerischen Seen und Sümpfen, Bächen und Wasserfällen durchsetzt. Das lieben die vielen Biber des Waldes, ebenso wie Otter, Waschbären und Elche. Weißwedelhirsche und Schwarzbären gehören zu den größten Tieren, denen Besucher begegnen. Sie genießen die »für immer ursprünglich« belassene Landschaft, wie es Maines einstiger Gouverneur Percival Baxter gewünscht hatte. Er kaufte das Land und machte es 1931 zum Schutzpark, so gibt es hier weder geteerte Straßen noch Elektrizität, auch Mobiltelefone sind in dem Park verboten.

# MOUNT WASHINGTON

Bei den hier lebenden Abenaki-Indianern galt er als »Heim des großen Geistes« oder »Agiocochook« – heute heißt der 1917 Meter hohe Mount Washington auch »Heimat des schlechtesten Wetters der Welt«. Tatsächlich bilden er und seine aus dem Umland aufragende Bergkette eine Wetterscheide: Hier trifft warme Südluft auf kalte Nordluft und verwirbelt sich zu enormen Windgeschwindigkeiten. Seit fast hundert Jahren verzeichnet die Gipfelwetterwarte die stärksten Winde des Globus'. Doch der Berg ist bei Wanderern und Ausflüglern beliebt, die erste Gästehütte entstand schon 1852 und seit 1869 trägt eine Zahnradbahn Gäste auf den Gipfel. Zu Fuß geht es auf dem »Crawford Path«, dem ältesten Bergwanderweg der USA, oder auf dem »Appalachian Trail« durch den Wald nach oben. Noch sportlicher geht es beim jährlichen Wettlauf sowie beim Radrennen zum Gipfel zu.

# WHITE MOUNTAINS NATIONAL FOREST

Ein dichter Mischwald zieht sich über die Grenze von New Hampshire bis Maine – der 3175 Quadratkilometer große Nationalwald der White Mountains. Schon seit 1918 steht die dreiteilige Region unter Schutz und bietet Wanderern, Kletterern und auch Wintersportlern viele Möglichkeiten. Mitten hindurch verläuft der Fernwanderweg Appalachian Trail. Besonders beliebt ist der reizvolle Park, weil er nah an den Küstenstädten Neuenglands und nur zwei Stunden von Boston entfernt liegt. Mit mehr als sechs Millionen Besuchern im Jahr schlägt er alle anderen Nationalparks der USA deutlich. Damit die Natur keinen zu großen Schaden durch den Andrang nimmt, sind innerhalb des Parks sechs große Wilderness Areas ausgewiesen, in denen ursprüngliche Flora und Fauna Vorrang haben oder wortwörtlich, »wo der Mensch selbst ein Besucher ist, der nicht bleibt«.

# NORTHEAST KINGDOM

Vermont, das »Land der grünen Hügel«, reicht von den unberührten Wäldern im Norden bis zu historischen Dörfern und der ländlichen Idylle am malerischen Highway 100. Besonders grün ist es im Northeast Kingdom, dem bis heute nicht völlig erschlossenen »Outback« dieses Neuenglandstaates: Majestätische Wälder – unterbrochen von Seen, an deren Ufern man Elche und sogar Wölfe beobachten kann – erstrecken sich bis zur kanadischen Grenze. Der Highway 100 ist die Lebensader von Vermont. In Montpelier, der kleinsten Hauptstadt der USA, steht das Kapitol. Das Vorzeigedorf in Vermont heißt Grafton. Seit dem Jahr 1780 besteht dieser Ort, der einst von zahlreichen Farmen und einer Mühle umgeben war. Stolz ist man in Vermont auf seine landwirtschaftlichen Produkte, die auch direkt beim Erzeuger verkauft werden: Ahornsirup, Käse, Gemüse und Brot.

# BOSTON: DOWNTOWN

In Boston scheint die Zeit des Unabhängigkeitskrieges noch lebendig zu sein: Die Hauptstadt von Massachusetts gleicht einem Freilichtmuseum mit historischen Häusern und verwinkelten Straßen – inmitten einer modernen urbanen Metropole samt glitzender Hochhausfassaden. Der »Freedom Trail« führt zu sechzehn Gebäuden und Stätten aus der Kolonialzeit. Markante Punkte sind die zu Ehren des berühmten Wissenschaftlers und Unterzeichners der Unabhängigkeitserklärung errichtete Benjamin-Franklin-Statue, das Old South Meeting House – eine ehemalige Kirche, in der die »Boston Tea Party« ausgeheckt wurde –, die Faneuil Hall, ein weiterer Versammlungsort der Patrioten und Bunker Hill, Schauplatz einer wichtigen Schlacht im Unabhängigkeitskrieg. Abseits des Trails erinnert vor allem Beacon Hill an die traditionsreiche Geschichte dieser Stadt.

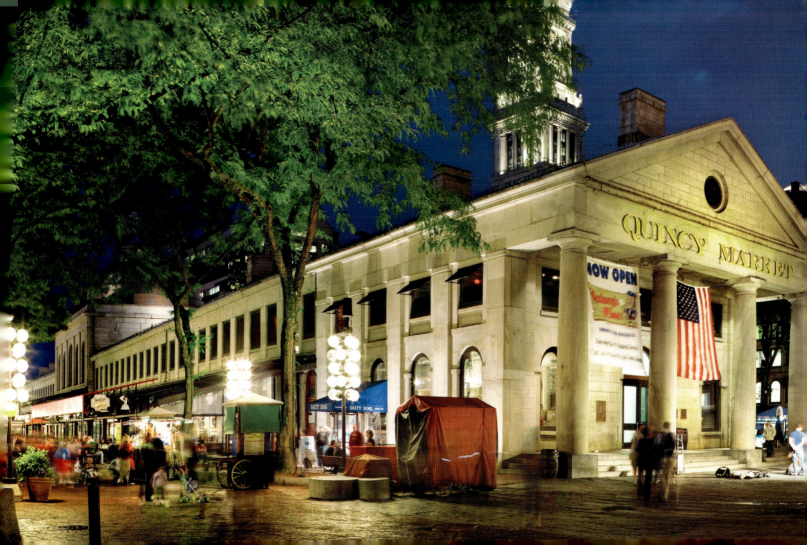

# MARTHA'S VINEYARD NANTUCKET

Martha's Vineyard und Nantucket sind zwei südlich von Cape Cod gelegene Inseln in Massachusetts. Martha's Vineyard bietet weite Sandstrände, romantische Buchten und die steilen Klippen von Gay Head. Die meisten Einwohner leben in Vineyard Haven mit seinen historischen Häusern und einem sehenswerten Heimatmuseum. In Oak Bluffs gruppieren sich farbenprächtige Häuschen um eine Aussichtsterrasse. Edgartown ist die älteste und interessanteste Siedlung auf Martha's Vineyard: Hinter weißen Palisadenzäunen und bunten Blumengärten liegen die prächtigen Villen der reichen Segelschiff- und Walfang-Kapitäne, die der Stadt einst ihren Wohlstand einbrachten. Nantucket ist lieblicher und ruhiger – ein stilles Paradies mit schroffen Küsten und bunten Blumenwiesen. Das ehemalige Walfängerzentrum ist auch als beliebter Zufluchtsort für Künstler bekannt.

# NEWPORT

Der mondäne Ferienort von Rhode Island, dem kleinsten und mit am dichtesten besiedelten Bundesstaat der USA, trägt klangvolle Beinamen wie »America's First Resort« und »Hauptstadt der Jachten«. Der Ocean Drive gestattet eine wundervolle Aussicht auf die zerklüftete Küste und führt zu den »Cottages« der Superreichen: Newport war bereits im 18. Jahrhundert eine wohlhabende Stadt, und die Residenzen der Millionäre gleichen denen europäischer Königshäuser. Das »Chateau-sur-mer« von William S. Wetmore, einem wohlhabenden New Yorker Kaufmann, war das erste davon. Im Stil der italienischen Renaissance wurde »The Breakers« erbaut, der Prunkpalast des Cornelius Vanderbilt II. Riesige Marmorsäulen ragen in der zwei Stockwerke hohen Eingangshalle empor. Das »Rosecliff« von Hermann und Tessie Oelrichs wurde Versailles nachempfunden.

# MID-ATLANTIC STATES

Eine amerikanische Redensart besagt: Aus Neuengland kamen die klugen Köpfe und das Geld, um im 19. Jahrhundert die Expansion nach Westen voranzutreiben – doch die »Muskeln« bildeten die Mittelatlantikstaaten. Die beiden größten, New York State und Pennsylvania, entwickelten sich rasch zu Zentren der Schwerindustrie. Auch New Jersey gehört zum Kern der Staatengruppe im Nordosten der Vereinigten Staaten. Manche zählen noch Delaware, Washington D.C. und Maryland dazu. Im Gegensatz zu Neuengland war diese Region ein Schmelztiegel der Nationen und Religionen.

# NIAGARAFÄLLE

Als erster Weißer bekam im Dezember 1678 der Jesuitenpater Louis Hennepin die gigantischen Niagarafälle zu Gesicht, die von den Indianern »Donnerndes Wasser« genannt wurden. Über fünfzig Meter stürzt hier der Niagara River in einem beeindruckenden Naturschauspiel über die Felsen. Goat Island, eine winzige Insel, trennt die tosenden Wasserfluten. Die 790 Meter breiten und 49 Meter hohen Horseshoe Falls liegen auf kanadischer, die 350 Meter breiten und 51 Meter hohen American Falls auf US-amerikanischer Seite. Die Rainbow Bridge verbindet die USA und Kanada. Mit dem Ausflugsboot »Maid of the Mist«, das dicht an das stürzende Wasser heranfährt, hat man die beste Aussicht auf die Niagarafälle. Angeboten wird auch eine »Journey Behind the Falls«, bei der man zu Fuß hinter die Wasserfälle gelangt. Seit 1885 sind die Fälle in den USA als Naturpark deklariert.

# ADIRONDACK STATE PARK

Die »Adirondacks« sind für jeden New Yorker Großstädter ein Fluchtpunkt in die wilde Natur. Im Nordosten des dreieckigen Bundesstaats, an dessen Spitze New York City liegt, finden sie eines der größten Schutzgebiete der USA – mit mehr als 24 000 Quadratkilometern größer als die Bundesstaaten Vermont oder New Hampshire. Rund 3000 Seen liegen in dichtem Wald, viele Bäche und Flüsse durchströmen die Region. Zwar ist ein Großteil des Grunds und Bodens in Privatbesitz, doch meist öffentlich zugänglich. Auch die Adirondack Mountains und New Yorks höchster Gipfel, der 1629 Meter hohe Mount Marcy, gehören dazu. Ihn kann man bequem erreichen und den fantastischen Panoramablick genießen. Ein Rundweg, den man in einer Woche erwandern kann, führt durch weite Gebiete im Tiefland und ist besonders für Vogelfreunde ein echtes Paradies.

# CATSKILL MOUNTAINS

Nur etwa hundert Meilen nördlich von Manhattan liegen die Catskill Mountains, ein beliebtes Rückzugsgebiet für Stadtneurotiker. Üppig bewaldete Hügel, Wasserfälle, Flüsse und Seen versprechen Ruhe und Entspannung und ziehen seit Generationen Sinn- und Spaßsuchende, Hippies und Künstler an. Anfang des 20. Jahrhunderts war das Gebiet als »jüdisches Eden« bekannt. New Yorker Juden, die andernorts abgewiesen worden waren, eröffneten günstige Pensionen für jedermann. »Kuchaleyns« hießen die einfachen Zimmer mit Gemeinschaftsküche. Auch Woody Allen verbrachte mit sechzehn seinen ersten Urlaub in solch einem »Rattenloch«, wie er später sagte. Geschadet hat es nicht, denn in der Region machte er seine ersten Schritte auf der Bühne – als Zauberer. Später kamen die Hippies in die Catskills und feierten, auf einer Farm in Bethel, ihr Woodstock-Festival.

# HUDSON RIVER VALLEY

Nördlich von New York City verwandelt sich der Hudson River in einen mächtigen Strom. Im gleichnamigen Tal scheint die Zeit vielerorts stehen geblieben zu sein. Hier findet man romantische Städtchen am Flussufer, viktorianische Landhäuser und einsame Farmen. Auf den Wiesen weiden Kühe, am Straßenrand warten Obststände – ein starker Kontrast zur Megacity New York. Kein Wunder also, dass die Reichen und Reichsten ihre Landsitze gern in diese Idylle verlegten: die Vanderbilts etwa, die ihr Geld mit Eisenbahnlinien verdienten, oder die Roosevelts, in deren Villa 1882 der 32. Präsident der Vereinigten Staaten von Amerika geboren wurde. Achtzig Jahre früher, 1802, wurde am Hudson River die Militärakademie West Point gegründet. Eine Verbindung zur Kunstmetropole New York City schafft der Skulpturenpark des Storm King Art Center in Mountainville.

# LONG ISLAND

Die geschäftigen Dörfer und weiten Sandstrände auf der größten (200 Kilometer langen) Insel der USA erinnern an Neuengland und sind ein begehrtes Ausflugsziel für die Bewohner von New York. Der Jones Beach ist am Wochenende meist überfüllt; ruhiger geht es auf der vorgelagerten Shelter Island zu. Die Hamptons, einige ehemalige Walfangdörfer, gelten als Refugium der Superreichen und Prominenten – auch Steven Spielberg hat hier eine Villa. In Sag Harbor liegt ein kleines Walfangmuseum. Der Norden der Insel ist ein bekanntes Weinbaugebiet und endet am Orient Point. Die Nordküste zwischen Glen Cove und Huntington Bay wird auch als »Gold Coast« bezeichnet, weil sich dort zahlreiche Millionäre in prachtvollen Villen niederließen. In Huntington befindet sich das zweitgrößte Privathaus der Welt, das Oheka Castle mit 125 Zimmern: Man gönnt sich ja sonst nichts!

# NEW YORK

Fünf Stadtteile formen eine Welt: Bronx, Manhattan, Queens, Brooklyn, Staten Island – das ist New York. Oder: eine Welt aus vielen Welten, in der man oft nur die Straße zu wechseln braucht, um von der einen in eine andere einzutauchen. Für den Filmemacher Woody Allen besteht New York vor allem aus Manhattan – diese Einschätzung teilt er wohl mit den meisten Besuchern. Was New York wirklich ist, jenseits aller Mythen und Legenden, spürt man am besten bei einer Taxifahrt, wenn sich der mühsam Englisch radebrechende Fahrer umdreht und fragt, woher man denn komme. Da es nicht New York sein kann, wird man nur ein mitleidiges Lächeln ernten, gefolgt von einem andauernden Fluchen über den Verkehr, die verrückten Leute – über alles. Fragt man ihn dann aber, ob er denn gern hier lebt, beginnen seine Augen zu glänzen: »Yeah, man, this is NEW YORK!«

# NEW YORK: STATUE OF LIBERTY

Das berühmteste Freiheitssymbol der USA ist ein Geschenk der Franzosen: Auf einer Dinnerparty, die im Jahr 1865 in Paris stattfand, wetterte der Rechtswissenschaftler Édouard René Lefebvre de Laboulaye gegen Napoleon III. Weil er den absolutistisch herrschenden Regenten ärgern wollte, kam er auf die Idee, den Amerikanern eine Statue zu schenken, die seine Begeisterung für die amerikanische Revolution ausdrücken sollte – »die Vollendung der Französischen Revolution jenseits des Atlantiks«. Entworfen wurde die Statue von dem Bildhauer Frédéric-Auguste Bartholdi, einem Freund de Laboulayes. Am 28. Oktober 1886 konnte sie auf Bedloe's Island im New Yorker Hafen enthüllt werden konnte.

# NEW YORK: FINANCIAL DISTRICT

New York City untergliedert sich in fünf Stadtteile, die ihrerseits in insgesamt 59 Community Boards unterteilt werden, zu denen Hunderte von Neighborhoods gehören, weshalb man auch von der »City of Neighborhoods« spricht. Außerhalb New Yorks kennt man nur die Neighborhoods von Manhattan mit Namen – Greenwich Village oder SoHo, TriBeCa, East Village, Chinatown, Little Italy. Vereinfacht wird die vom East und vom Hudson River gesäumte, 21,5 Kilometer lange und an der breitesten Stelle 3,5 Kilometer breite, an der Mündung des Hudsons in den Atlantik gelegene Insel Manhattan auch in Downtown, Midtown und Uptown unterteilt: Downtown mit dem Financial District am südlichen Ende der Insel, Midtown mit dem Times Square im Zentrum und dem Central Park als grüner Oase, die bis nach Uptown im Norden reicht, wozu Harlem und Washington Heights gehören.

# NEW YORK: ONE WORLD TRADE CENTER & GROUND ZERO

Kaum ein Gebäude weckt mehr Emotionen als das One World Trade Center, kurz »1 WTC«. An dieser Stelle riss am 11. September 2001 der Terroranschlag eine Lücke in die Skyline und die Seele der Stadt. Mehr als zwölf Jahre nach den »9/11« steht der neue, mit 541 Metern höchste Wolkenkratzer der USA dort, wo zuvor die Zwillingstürme des World Trade Centers standen. Nach amerikanischem Maß ist der Turm 1776 Fuß hoch – eine symbolische Zahl: Im Jahr 1776 erklärten die Amerikaner ihre Unabhängigkeit von Großbritannien. Der Begriff »Ground Zero« kommt ursprünglich aus der Militärsprache für den Explosionspunkt von Atombomben. In New York wurde er zum Synonym für die Fläche zwischen Liberty Church, Vesey und West Street. Im Zentrum des neuen Gebäudekomplexes finden sich eine Gedenkstätte für die Opfer des Anschlags und ein Museum.

# NEW YORK: BROOKLYN BRIDGE

Die Brücke überspannt den East River und verbindet Manhattan mit Brooklyn. Sie wurde im Mai 1883 nach 16-jähriger Bauzeit eingeweiht. Ohne Zufahrten ist sie 1052 Meter, insgesamt 1825 Meter lang. Bereits am Eröffnungstag überquerten mehr als 150 000 Menschen die Brücke. Um skeptische Zeitgenossen von der Stabilität des Bauwerks zu überzeugen, schickte der Zirkus Barnum eine ganze Elefantenherde über die Brücke und sie hielt. Verantwortlich für die Planung war der deutsche Architekt John August Roebling, der aber schon kurz nach dem Baubeginn bei einem Unfall starb. Sein Sohn Washington und dessen Ehefrau Emily stellten sich nach seinem Tod der Herausforderung und beaufsichtigten den weiteren Bau der Brooklyn Bridge – die erste Hängebrücke, für die Stahlseile verwendet wurden, insgesamt 24 000 Kilometer Draht.

# NEW YORK: TRIBECA

TriBeCa (»Triangle Below Canal Street«, das »Dreieck unterhalb der Canal Street«) ist ein gutes Beispiel dafür, wie sich New York ständig neu erfindet: Mitte der 1970er-Jahre noch ein heruntergekommener, »Lower West Side« genannter Industriebezirk mit sozialen Problemen, erkannte ein Immobilienmakler das Potenzial der leer stehenden Fabrik- und Lagerhallen und erfand auch gleich das neue Namenskürzel. Seine Rechnung ging auf: TriBeCa wurde »in«, Künstler aus dem benachbarten SoHo richteten sich hier, als die Mieten noch vergleichsweise billig waren, Ateliers und Proberäume ein. Inzwischen ist TriBeCa nicht mehr nur chic, sondern auch teuer und die Szene längst weitergezogen. Heute gibt es im Straßendreieck zwischen West Broadway, Canal West und Chambers Street weniger Galerien als Restaurants – davon allerdings die besten der Stadt.

# NEW YORK: CHINATOWN

Die chinesische Enklave südlich der Canal Street ist heute die Heimat von rund 200 000 Chinesen und die größte asiatische Siedlung außerhalb Asiens. Chinesische Schriftzeichen bestimmen das Bild, aus den Restaurants weht der Duft von glasierten Enten und exotischen Gemüsen. Mit rund 170 Restaurants, über 300 (dank Billiglohn) florierenden Textilbetrieben und sieben chinesischen Tageszeitungen behauptet Chinatown sich als eigenständige Metropole in Manhattan. In der Mott Street findet man den Buddhist Temple of America. Die Church of the Transfiguration, 1801 gebaut und seit dem Jahr 1850 katholisch, war einst ein Zufluchtsort für die irischen und italienischen Einwanderer und hat seit 1970 einen chinesischen Pfarrer. In der Doyers Street liegt der berüchtigte »Bloody Angle« – um 1904 ein Kampfplatz für verfeindete chinesische Straßenbanden (»Tong-Kriege«).

# NEW YORK: SOHO

In New York bestehe die Rolle des Künstlers darin, soll der frühere Bürgermeister Ed Koch einmal gesagt haben, »dass er ein Viertel so attraktiv macht, dass es sich die Künstler nicht mehr leisten können«. Und die Rolle des Immobilienmaklers besteht darin, so ließe sich hinzufügen, das Ganze so attraktiv wie möglich zu verpacken: Wie TriBeCa ist auch das Namenskürzel »SoHo« (»South of Houston«) eine nicht zuletzt kommerziell motivierte, wohlklingende Neuschöpfung – für das früher unter dem Namen »South Village« bekannte Industriegebiet südlich der Houston Street. In den 1960er-Jahren wandelte sich das damals weitgehend dem Verfall anheimgegebene Gebiet in einen beliebten Ort für Künstler und Lebenskünstler, die leer stehende Dachateliers und verlassene Fabrikhallen bezogen – bis sich der schon eingangs zitierte Satz von Ed Koch schließlich auch in SoHo bewahrheitete.

# NEW YORK: LITTLE ITALY

»Ich wuchs heran in einer Welt, die mehr europäisch war als amerikanisch«, meinte der Regisseur Martin Scorsese einmal. Wie sein langjähriges schauspielerisches Alter Ego, Robert De Niro, wuchs Scorsese in Little Italy auf. Seine Großeltern waren sizilianische Bauern, die weder lesen noch schreiben konnten. Scorsese wurde von ihnen aufgezogen, die wie viele Süditaliener im 19. Jahrhundert aus ärmlichen Verhältnissen nach New York ausgewandert waren, wo in dem damals von der Canal Street bis zur Houston Street reichenden Viertel ungefähr 40 000 Italiener lebten. Eine Welt für sich, die es so nicht mehr gibt oder nur noch im Film: Little Italy gehört heute zu den kleinsten ethnischen Vierteln Manhattans. In gerade mal vier Blocks sind noch etwa 5000 Italiener zu Hause – alle anderen sind weitergezogen, nach Brooklyn etwa oder in die Bronx.

# NEW YORK: LOWER EAST SIDE

Anfang des 20. Jahrhunderts war in Manhattans Lower East Side – dem Viertel zwischen Bowery und Clinton, East Houston und Canal Street – die größte jüdische Gemeinde der Welt angesiedelt. Die Einwanderer wohnten dort meist unter katastrophalen Bedingungen in sechs- bis siebenstöckigen Mietskasernen (»tenements«). In kleine, oft fensterlose Zimmer gepfercht, teilten sie sich baufällige Schränke, ein verrostetes Waschbecken in der Küche und die einzige Toilette auf dem Flur. Im Sommer wurde es so unerträglich heiß, dass viele Bewohner auf dem Dach schliefen. An diese schwierigen Bedingungen der jüdischen Einwanderer in der Lower East Side erinnert das Tenement Museum in der Orchard Street. Im Viertel selbst gibt es auch noch etwa 300 Synagogen und einige jüdische Geschäfte. Die meisten New Yorker Juden leben heute allerdings außerhalb von Manhattan.

# NEW YORK: CHELSEA & MEATPACKING DISTRICT

Chelsea, im Südwesten von Manhattan, war bis Mitte des 18. Jahrhunderts noch Farmland. Doch bald entstanden auf den Feldern und in den Obstgärten billige Wohnhäuser und Lagerhallen. Das Viertel war schäbig und der Umgangston rau – bis im 20. Jahrhundert die Trendsetter der New Yorker Homosexuellenszene Chelsea für sich entdeckten. Schauspieler, Schriftsteller, Maler sowie Musiker verwandelten die alten Lagerhallen in schicke Lofts. Unten residieren Galerien zeitgenössischer Kunst, Edelboutiquen und Bars. An den Süden Chelseas grenzt der Meatpacking District. Diese Gegend galt bis etwa 1990 als New Yorks Schmuddelkind. In bis zu 250 Betrieben zerlegten und verpackten Arbeiter Rinder- und Schweinehälften. Heute gibt es Fleisch nur noch in angesagten Restaurants, perfekt gebraten und angerichtet. Das Viertel um die Gansevoort Street ist hip.

# NEW YORK: EMPIRE STATE BUILDING

Seit dem Einsturz des World Trade Centers und bis zur Errichtung des 1 WTC war das 381 (mit Antennenmast fast 449) Meter hohe Empire State Building wieder das höchste Gebäude New Yorks gewesen. Bis zu 3400 Arbeiter, darunter viele Mohawkindianer, waren in Spitzenzeiten am Bau des von den Architekten Schreve, Lamb & Harmon geplanten Wolkenkratzers beteiligt. Zur Eröffnung am 1. Mai 1931 drückte der damalige US-Präsident Herbert Hoover im Weißen Haus in Washington auf einen Knopf, damit im Empire State Building die Lichter angingen. Offiziell ist das Gebäude 102 Stockwerke hoch, allerdings mit nur 85 Nutzflächen, die vermietet werden können. Darüber befinden sich die Aussichtsplattform im 86. Stock und eine Kuppel, die einst zum Festmachen für Luftschiffe gedacht war. Wegen der gefährlichen Aufwinde scheiterte aber dieser Plan.

# NEW YORK: GRAND CENTRAL STATION

Der Grand Central Terminal, in seiner heutigen Form im Jahr 1913 nach mehrjähriger Bauzeit eröffnet, ist der größte Bahnhof der Welt. Das Gebäude wurde im Beaux-Arts-Stil erbaut sowie mit Barock- und Renaissance-Elementen ausgeschmückt. Für den Haupteingang an der East 42nd Street orientierte man sich an einem römischen Triumphbogen. Korinthische Säulen stützen die riesigen Bogenfenster. In der Mitte erinnert eine Bronzestatue an den »Commodore« genannten Eisenbahnmagnaten Cornelius Vanderbilt, dem einstmals mehr als ein Dutzend Eisenbahnlinien gehörten, die er zum »New York Central System« zusammenschloss, und dessen Enkel diesen Bahnhof errichten ließ. In der äußerst prunkvollen, zwölf Stockwerke hohen Haupthalle, die an ein römisches Bad erinnern soll, wölbt sich ein künstlicher Sternenhimmel über dem gefliesten Boden.

# NEW YORK: CHRYSLER BUILDING

Von Anfang an war das im Jahr 1930 errichtete Chrysler Building nicht etwa für Büros der gleichnamigen Autofirma gedacht, sondern als Denkmal für deren Eigentümer Walter P. Chrysler, dessen Karriere einst in einer Maschinenhalle der Union Pacific Railroad begonnen hatte. So steil, wie die Karriere des bald in die Autoindustrie wechselnden Chrysler verlief, so steil sollte auch »sein« Wolkenkratzer in den New Yorker Himmel ragen und keinesfalls nur der schönste, sondern auch der größte sein. Ersteres ist dem Architekten William van Alen nach Meinung der meisten New Yorker durchaus gelungen. Um auch das zweite Etappenziel zu erreichen, lieferte sich van Alen mit seinem früheren – nun für die Bank of Manhattan Company das höchste Gebäude der Welt planenden – Partner H. Craig Severance ein erbittertes, fintenreiches Höhenrennen, das er letztlich auch gewann.

# NEW YORK: PARK AVENUE

Entlang der ursprünglich »Fourth Avenue« genannten Straße verliefen ab den 1830er-Jahren die Schienen der New York and Harlem Railroad – eine der ersten privaten Eisenbahngesellschaften der USA und vielleicht die erste, die auch Straßenbahnlinien wie hier von Lower Manhattan nach Harlem betrieb. 1860 wurde der Abschnitt zwischen 34th und 40th Street in »Park Avenue« umbenannt (dort führten die Schienen durch die zumindest entfernt an einen »Park« erinnernden Grünflächen des damaligen Nobelviertels Murray Hill). Heute heißt der ganze Straßenverlauf zwischen Union Square und Harlem River »Park Avenue«. Die Schienen wurden längst unter die Erde verlegt, wo nun die Metro-North Railroad Harlem Line nach Norden führt. Oberirdisch entwickelte sich die Park Avenue vor allem im Abschnitt zwischen 42nd und 59th Street zu einer der begehrtesten und teuersten Adressen der Stadt.

# NEW YORK: TIMES SQUARE

Das Herz von New York schlägt am Times Square. Aus dem ehemaligen Sündenpfuhl der Metropole ist eine keimfreie Konsumfläche à la Disney World geworden. Gewaltige Shoppingkomplexe und »Themenrestaurants« bestimmen den ehemaligen Schmuddelplatz. Verschwunden sind Taschendiebe, Drogendealer und leichte Mädchen, fast schon vergessen die »Triple X«-Reklamen der Pornoläden und Peepshows. Um das Jahr 1900 ging es auf dem Platz noch ländlich zu: Damals hieß er »Longacre Square«, war ein Abstellplatz mit Pferdeställen und Scheunen. Erst im Jahr 1904 bekam er den Namen »Times Square«, zu Ehren der damals schon angesehenen »New York Times«, die dort ein riesiges Bürohaus errichten ließ. Seit 1928 flackern Nachrichten aus aller Welt über das berühmte Laufband an der Fassade; die Redaktion selbst arbeitet allerdings heute in der 43rd Street.

# NEW YORK: LIVE ON BROADWAY

Wenn es einen Geburtsort für das Showbusiness gibt, dann findet man ihn hier in New York. Schon während der ersten großen Einwanderungswellen galten Theateraufführungen als eine willkommene Abwechslung für die vom Alltag geplagten Immigranten. Die Theater boten ihnen eine zweite Heimat, zumal viele Stücke in ihrer Muttersprache präsentiert wurden. Die eigentliche Ära des Broadway begann erst zu Beginn des 20. Jahrhunderts, als nach und nach immer mehr Theater in die Gegend rund um den Times Square umzogen. Schon im Jahr 1893 war zunächst das Empire Theater vom Herald Square an den Broadway umgezogen, bis 1930 öffneten dort weitere Theater wie das New Lyceum. Nach einer Krise in den 1980er-Jahren knüpfte man mit spektakulären Musicals wie »Cats«, »The Phantom of the Opera« oder »The Lion King« wieder an die alten Erfolge an. Derzeit gibt es hier rund vierzig große und eine Vielzahl kleinerer Theater.

# NEW YORK: ROCKEFELLER CENTER

Der riesige Wolkenkratzerkomplex zwischen 47th und 50th Street wurde in den 1930er-Jahren von einem hochkarätig besetzten Architektenteam unter der Leitung von Raymond Hood für John D. Rockefeller, Jr. errichtet. In dem später noch mehrfach erweiterten Komplex sind Büros, Fernsehstudios, Restaurants und Läden untergebracht. Im Zentrum des Rockefeller Centers steht das im Jahr 1933 fertiggestellte, knapp 260 Meter hohe GE (General Electric) Building (nicht zu verwechseln mit dem ehemaligen General Electric Building in der Lexington Avenue). Zu General Electric gehört auch der Fernsehsender NBC, dessen »Today«-Show jeden Morgen zwischen 7.00 und 9.00 Uhr in einem gläsernen Studio des GE Buildings über die Bühne geht. Diese Show wurde am 14. Januar 1952 erstmals ausgestrahlt und gilt als das älteste TV-Informationsprogramm der Welt.

# NEW YORK: FIFTH AVENUE

Dieser Prachtboulevard ist eine der bekanntesten Straßen der Welt. Auf gut elf Kilometern vereint die Fifth Avenue viele Facetten des Big Apple: glanzvolle Geschäfte, prächtige Museen, berühmte Architektur und die grüne Fläche des Central Park. Im Süden beginnt die Fifth Avenue am Washington Square und zieht sich längs durch Manhattan bis nach Harlem. Wie ein Meridian teilt sie die nummerierten Querstraßen der Stadt in East und West. Pulsierendes Herzstück aber ist der Abschnitt zwischen der 49. und der 60. Straße, wo Tiffany, Prada, Piaget, Bergdorf Goodman und andere Luxusmarken zum »Shop til you drop«-Erlebnis einladen. Kostenlos hingegen ist der Blick auf die architektonischen Highlights wie das Empire State Building, das Rockefeller Center oder die St. Patrick's Cathedral. Kunstliebhaber pilgern auf der »Museum Mile« zum Guggenheim und Metropolitan Museum.

# NEW YORK: SOLOMON R. GUGGENHEIM MUSEUM

Ein Schneckenhaus für die Kunst vom 19. bis zum 21. Jahrhundert? Weder Frank Lloyd Wright, der Architekt dieses originellen Museumsbaus, noch sein Auftraggeber Solomon R. Guggenheim, ein aus der Schweiz stammender Montanindustrieller, erlebten seine Eröffnung im Jahr 1959. So blieb ihnen auch die zum Teil herbe Kritik erspart, die das Museum anfangs auf sich zog: »Die Bilder entstellen das Gebäude, und das Gebäude entstellt die Bilder«, meinte etwa der Kunstkritiker der »Times«, John Canaday. Sechzehn Jahre hatte es gedauert, bis der von außen einem auf dem Kopf stehenden Schneckenhaus gleichende Bau fertig war. Im Inneren verläuft eine spiralförmige, durch eine Glaskuppel beleuchtete Rampe, entlang der man die Kunstwerke besichtigen kann. Heute gilt das in den 1990er-Jahren um einen Anbau erweiterte Museum längst als eine Architekturikone.

# NEW YORK: CENTRAL PARK

Mit dem Central Park, der ab dem Jahr 1858 im Norden von Manhattan entstand, erfüllte sich ein lebenslanger Traum des Landschaftsarchitekten Frederick Law Olmsted und seines Partners Calvert Vaux. Gemeinsam schufen sie eine grüne Lunge inmitten der unaufhörlich wachsenden Megalopolis, die sich heute von der 59th bis zur 110th Street erstreckt und mit knapp 340 Hektar (nach dem rund 1150 Hektar großen Jamaica Bay Park in Queens) den zweitgrößten Park der Stadt bildet. Im Sommer finden dort kostenlose »Summer-Stage«-Konzerte statt: Über diese und viele weitere Veranstaltungen informiert man sich am besten im Besucherzentrum, das in einem von Olmsted und Vaux in neu-gotischem Stil angelegten Gebäude, »The Dairy«, logiert. Oder man spaziert einfach hinein ins famose Grün, lässt sich treiben durch den schönen Park und holt erst einmal tief Luft …

# NEW YORK: HARLEM

Peter Stuyvesant gründete im Jahr 1658 nahe der heutigen 125th Street einen Handelsposten und nannte ihn nach der gleichnamigen holländischen Stadt »Nieuw Haarlem«. Vor allem Deutsche und Iren ließen sich hier nieder, später auch Italiener. Erst zu Beginn des 20. Jahrhunderts, nachdem die U-Bahn gebaut worden war, zogen viele Schwarze von Lower Manhattan nach Harlem; während des Ersten Weltkriegs folgten Schwarze aus dem US-amerikanischen Süden und von den Westindischen Inseln. Seit damals gilt Harlem als die berühmteste schwarze Neighborhood der USA – ein Synonym für die auch im vermeintlichen »Melting Pot« New York nicht zu übersehenden Probleme der einzelnen Bevölkerungsgruppen des Landes untereinander wie für die Entwicklung einer eigenständigen schwarzen Kultur, die mit der Wahl Barack Obamas zum US-Präsidenten höchste Weihen erfuhr.

# AMERICAN FOOTBALL

»Wo rohe Kräfte aufeinanderprallen«: Was auf den Laien oft wie ein brutales Durcheinander muskelbepackter Riesen wirkt, entstammt den Universitäten und gilt wegen seiner vielen taktischen Möglichkeiten auch als »Rasen-Schach«. Das mag daran liegen, dass seine Regeln heute derart komplex sind, dass nicht nur Trainer ihre ganz eigenen Philosophien über Spielzüge, Aufstellungen und ausgeklügelte Täuschungsmanöver entwickeln. Ziel ist es, den ovalen Lederball, »das Ei«, ins gegnerische Tor zu befördern – oder immerhin möglichst weit in die gegnerische Spielhälfte. Vier Versuche hat jede elfköpfige Mannschaft, bevor das Angriffsrecht an den Gegner geht – Gewinner ist, wer am Ende die meisten Punkte für Tore oder Raumgewinn erzielte.

# GETTYSBURG

»Es ist vielmehr an uns, geweiht zu werden der großen Aufgabe, die noch vor uns liegt …«, diese Worte kennt in den USA jedes Schulkind, mit ihnen endet eine kurze, aber berühmte Rede Abraham Lincolns zur Einweihung des Soldatenfriedhofes bei Gettysburg: »… auf dass uns die edlen Toten mit edler Hingabe erfüllen für die Sache … auf dass wir hier einen heiligen Eid schwören, dass diese Toten nicht vergebens gefallen sein mögen … und auf dass die Regierung des Volkes, durch das Volk und für das Volk, nicht von der Erde verschwinden möge.« Hier hatte 1863 eine der blutigsten Schlachten des Amerikanischen Bürgerkrieges stattgefunden. Sie gilt als Wendepunkt zugunsten des Sieges der Nordstaaten-Union, die so die Demokratie verteidigte.

# PHILADELPHIA

Die »Stadt der Bruderliebe« wurde 1682 von dem Quäker William Penn im Südosten des heutigen US-Bundesstaates Pennsylvania gegründet. Während des Unabhängigkeitskrieges war »Philly« das Zentrum der Amerikanischen Revolution und Hauptstadt bis 1790. Im Independence National Historic Park sind die wichtigen Sehenswürdigkeiten aus der Zeit der Staatengründung vereint: die Independence Hall, in der Abgeordnete aller dreizehn Kolonien am 4. Juli 1776 die Unabhängigkeitserklärung verabschiedeten, die Library Hall mit einer handschriftlichen Kopie der Unabhängigkeitserklärung, die Liberty Bell, die nach der Verlesung geläutet wurde und seit 1846 wegen eines Sprungs nicht mehr in Betrieb ist. Hier befindet sich die Altstadt mit ihren verwinkelten Gassen und historischen Häusern. Auf dem Reading Terminal Market gibt es Waren aus dem Amish Country.

# PHILADELPHIA: DOWNTOWN & ALTSTADT

Ein Spaziergang durch Elfreth's Valley führt durch eine schmale, mit bunten Fensterläden geschmückte Gasse kleiner meist ziegelroter Häuser. Sie gehört zu den Relikten der Gründungszeit Philadelphias im 18. Jahrhundert. Einmal im Jahr öffnen die pittoresken Häuschen ihre Pforten und zeigen Neugierigen ihr Inneres. Manche Straßen der Altstadt, der »Old City«, scheinen tagsüber zu schlafen und erst nachts zu erwachen. Dann locken die Restaurants, Lounges und Nachtbars zu kostspieligen Ausflügen, die immer auch dem Gaumen schmeicheln. »Downtown«, das mit wolkenhohen Häusern bestückte Stadtzentrum, leert sich nun allmählich und wird stiller. Dort wimmelt es vor allem tagsüber von geschäftigen »business people«: Banken, Versicherungen und verschiedene Unternehmen wie Sunoco haben hier ihren Sitz. Auch das riesige Rathaus steht im Stadtzentrum.

# BALTIMORE

»Oh Baltimore, dein Ende ist in Sicht, oh Baltimore, ein paar Jahre noch, mehr geb' ich dir nicht«, sang 1979 süffisant Udo Lindenberg. Die riesige Hafenstadt hat seit Jahrzehnten mit den typischen Problemen einer Metropole zu kämpfen: Gewalt, Drogen, Raubzüge. Dennoch ist die bunte, lärmende und pulsierende Stadt eine nicht zu verpassende Anlaufstelle für Kunstliebhaber aller Art, die an der Ostküste unterwegs sind. Alljährlich findet hier das größte freie Kunstfestival Nordamerikas statt, die »Artscape«. Innenarchitektonisch gehört die Peabody-Bibliothek zu den schönsten Bibliotheksräumen der Welt. Das Grab von Edgar Allan Poe, der in Baltimore auf mysteriöse Weise ums Leben kam, steht auf dem Westminsterfriedhof. Auch zahlreiche Theater wie das »Everyman Theatre« locken Zuschauer, und das Symphonieorchester braucht sich hinter anderen großen nicht verstecken.

# CHESAPEAKE BAY

Krabben, Austern, Muscheln – in der Bucht wimmelte es noch vor wenigen Jahren nur so von Meeresgetier. Mittlerweile machen sich aber Überfischung und Umweltverschmutzung bemerkbar. Dennoch zählt der größte Meeresarm der USA nach wie vor zu den beeindruckendsten natürlichen Lebensräumen, die Nordamerika zu bieten hat. Mehr als 300 Fisch- und Krabbenarten tummeln sich im Wasser. Nur hin und wieder verursachen seit den 1970er-Jahren wie im Eriesee giftige Blaualgen-Teppiche ein massives Fischsterben. Zahlreiche Vögel, wie der Flötenregenpfeifer, leben an den Küsten. Eine Fahrt über die gigantische Chesapeake-Bay-Brücke zwischen der Ost- und Westküste des Gewässers ist so abenteuerlich, dass mehrere Fuhrunternehmen ihr Geld damit verdienen, ängstliche Fahrer in deren eigenem Auto auf die jeweils andere Seite zu befördern.

# WASHINGTON, D.C.

Die Hauptstadt der Vereinigten Staaten verdankt ihre Bedeutung der zentralen geografischen Lage zwischen den nördlichen und südlichen Kolonien des einstigen Neuengland – und ihrer Nähe zu Mount Vernon, dem Wohnsitz des ersten Präsidenten George Washington. Washington, D.C., gehört zu den attraktivsten Reisezielen der USA und wird vor allem wegen seiner symbolträchtigen Gebäude wie dem Kapitol und dem Weißen Haus geschätzt, aber auch wegen der vielen erstklassigen Museen. »D.C.« steht für »District of Columbia« – eine politische Enklave, in der die Regierung angesiedelt ist. Auf dem Capitol Hill thront das Kapitol: Das 1794 bis 1824 errichtete Parlamentsgebäude (der Kuppelbau wurde erst nach 1850 vollendet) markiert den Mittelpunkt der Stadt. Das Weiße Haus wurde 1792 erbaut, erhielt aber erst zweiundzwanzig Jahre später, 1814, seinen weißen Anstrich.

# WASHINGTON, D.C.: WEISSES HAUS

Auf jedem 20-Dollar-Schein lässt sich das »Weiße Haus« aus der Nähe betrachten. Im wahren Leben kommen die meisten Besucher höchstens an den Zaun des geschichtsträchtigen Gebäudes in der Pennsylvania Avenue 1600. Der offizielle Amtssitz des US-Präsidenten ist mit höchster Sicherheitsstufe geschützt. Zu Beginn war der Bau lange für alle Bürger frei zugänglich – wer es aber heute von innen sehen möchte, muss hoher Staatsgast sein oder sich umständlich registrieren – falls Besuche nicht aus Budgetgründen ausgesetzt sind. Abhilfe schafft eine virtuelle Tour via Internet. Das weiß gestrichene Gebäude war formell das erste der neuen Hauptstadt. Heute steht allerdings eine Version von 1819, die nach einem Brand aufgebaut und um West- und Ostflügel ergänzt wurde. Zu den 132 Zimmern mit 412 Türen und 28 offenen Kaminen gehört auch die Privatwohnung des Präsidenten.

# WASHINGTON, D.C.: NATIONAL ARCHIVES

Hier lagern originale Kopien der wichtigsten Dokumente des Landes: der Unabhängigkeitserklärung, der US-Verfassung und der ersten zehn Zusatzartikel zur Verfassung, der »Bill of Rights«. Im Nationalarchiv der Vereinigten Staaten, offiziell »National Archives and Records Administration« (NARA) genannt, sind diese Gründungsdokumente öffentlich präsentiert – wie auch andere wichtige Schriftstücke, etwa die Erklärung zur Abschaffung der Sklaverei oder der Kaufvertrag, mit dem Louisiana von Frankreich an die USA ging. Unzählige andere staatliche Dokumente sind weniger bedeutend, aber ebenfalls den Bürgern zugänglich – soll das Nationalarchiv doch seit 1934 dafür sorgen, dass die Information aller Behörden bewahrt bleibt. Tatsächlich kommen viele Menschen, um hier etwa in alten Passagierlisten oder Bürgerverzeichnissen ihrer Familiengeschichte auf den Grund zu gehen.

# WASHINGTON, D.C.: NATIONAL GALLERY OF ART

Ein Banker legte mit seiner Privatsammlung Alter Meister den Grundstein für die Nationale Kunstgalerie der USA: Als Andrew W. Mellon 1937 seine Gemälde und Skulpturen dem Staat überließ, hatte er für den Bau eines passenden Gebäudes und für eine Stiftung gesorgt, die Bestand und Erweiterung der Sammlung sicherstellen sollte. Das neoklassizistische Gebäude des Museums öffnete im Jahr 1941 seine Türen, es versammelt heute bedeutende europäische und amerikanische Kunst vor dem 20. Jahrhundert, van Gogh, Monet und Rembrandt sind vertreten, und außerdem ein Gemälde da Vincis. In einem zweiten Bau von 1978, unterirdisch mit dem ersten verbunden, erwartet zeitgenössische moderne Kunst die Besucher – Warhols und Pollocks Bilder hängen neben solchen von Beckmann und Picasso. Ergänzend zeigt ein Skulpturengarten Werke von Roy Lichtenstein bis Miró.

# WASHINGTON, D.C.: NATIONAL MUSEUM OF NATURAL HISTORY

Hunderte Millionen an Ausstellungsstücken – vom Mondgestein zu Saurierskeletten, vom Vogelgarten bis zum »Hope-Diamanten« – ziehen alljährlich mehr als sieben Millionen Besucher an. Das mag daran liegen, dass das Nationalmuseum für Naturgeschichte bei freiem Eintritt rund ums Jahr geöffnet ist. Jedenfalls ist es das weltweit am besten besuchte naturhistorische Museum der Welt – und auch unter den 19 Museen der Smithsonian Institution in Washington hält es den Spitzenplatz. Seit 1910 bringt es den Menschen anschaulich den Reichtum der Natur näher, inzwischen auf mehr als 32 500 Quadratmeter Ausstellungsfläche und mit zahlreichen Wechselausstellungen. Zum Haus gehören auch 185 forschende Wissenschaftler, so viele wie sonst an keinem anderen Museum, und enthüllen mithilfe neuer oder auch schon lange archivierter Objekte so manche neue Erkenntnis.

# WASHINGTON, D.C.: CONSTITUTION GARDENS

Der historische Park zwischen dem Washington Monument und dem Lincoln Memorial erinnert an die Gründung der Vereinigten Staaten. In der Mitte eines künstlichen Sees liegen Steintafeln mit den Namen der Unterzeichner der Unabhängigkeitserklärung. Das Washington Monument, ein weißer Obelisk, ehrt den ersten Präsidenten der USA und steht genau auf der Verbindungsgeraden zwischen Kapitol und Lincoln Memorial. Dort wurde die monumentale Lincolnstatue aus achtundzwanzig Marmorquadern gefertigt, sechsunddreißig dorische Säulen symbolisieren die sechsunddreißig Staaten in Lincolns Amtszeit. An den Wänden des Vietnam Veterans Memorial stehen die Namen aller Gefallenen dieses Kriegs. Der Park Constitution Gardens dient aber nicht nur der Erinnerung, sondern auch als Refugium und grüne Oase in der Stadt.

BLACKMON Jr · CHARLES D StCLAIR · RODRIGUEZ · ROY RODRIGUEZ · PAUL M THOMPSON
JOHN H GEDDINGS · ALBERT L BROWN · WILLIAM H THIGPEN
PERRY M SMITH · CECIL W SOUTHERLAND · MALCOLM J LYONS · DAVID W COON · JOHN L DOBY
JOSHUA M DANIELS · ROBERT H MIRRER · JESSE N
GLENN R ETHINGTON · EUGENE T GILMORE · JOSEPH S TIDWELL · WILLIAM F AARON
JAMES F THAMES · JESUS A GONZALES · BILLY JOE PLASTER Jr · LARRY P RICE
THUR S NABBEN · HESSIE A BROOKS · STEPHEN A ALTSCHAFFL · RONALD D ROASE
GREGORY S KARGER · RONALD D STEPHENSON · JAMES R GARTEN · TOMMY H IVEY
RONNIE G VAUGHAN · EUGENE J LEVICKIS · LOUIS W TRAVERS · RONALD W GARRISON
UGH D OPPERMAN · LARRY D BEAN · STEVEN W MOLL · BARTOW W POTTS Jr
DONALD L SENTI · GREGORY L PEFFER · MICHAEL H PETTY · FRANK A CELANO · ROG JOHNSON
RICHARD C PORTER · FREDERICK A VIGIL · ALFONSO A BRITO · DENNIS R SCHOSSOW
JAMES P MARKEY Jr · MERRELL E BRUMLEY Jr · JAMES L COLWYE · STEPHEN L LINDSAY · JERRY W CUTTING
DEWIGHT E NORTON · WILLIAM D NICODEMUS · WILLIAM O CREECH Jr · JUAN E GONZALES · CALVIN E MILAM
DEAN A HARRIS · STEVEN J OLCOTT · GEORGE L ROBERTSON · ROBERTO L CANAS
DAVID I MIXTER · RONALD M RIGDON · WILLIAM F REICHERT · JAMES E WEATHERSBY
ALLEN C ELL · ROBERT L PULLIAM · ARTHUR A SMITH · MICHAEL E WILLIAMS · HAROLD B LINEBERGER
JOHN R MILLER · RAFAEL GARCIAPAGAN · JEFFREY L BARLOW · HAROLD E BIRKY · JAMES P DUNCAN
JOSEPH W CASINO · ROBERT A SISK · JOHNNY C SPEARS · RONALD W HACKNEY · RONALD N JASINSKI
KEITH M JACKSON · CLYDE W COBLE · JOHNNY E TIVIS · PATRICK G CARTWRIGHT · LARRY J PEPPER
RICHARD D RANDOLPH · WALTER X MENDEZ · GORDON L CRAWFORD · JAMES C HARRIS · LOREN D LEBEAU
FRANK S McCUTCHEON III · KEITH A STODDARD · THOMAS C MILLER · STEPHEN A MOORE · STEPHEN E WARREN
LUTHER N BAGNAL III · FLOYD RICHARDSON Jr · MICHAEL P AUSTIN · DARRELL W COWAN · ROBERT E TAYLOR
ROBERT L STANDERWICK Sr · MARTIN J BURNS · JOHN C STRAUSER · PHILIPP R
JACKIE LEE DENNY · JOSEPH L STONE · MILFRED R GREEN · LENNART G LANGHORNE · THOMAS M
ANDRES LOPEZ RAMON · SAMUEL H EBERHART · WALLIS W WEBB · TERRENCE W WELDON · ROBERT
CLIFTON E CALLAHAN · NELSON G RICHARDSON · GREGORY S SOMERS · LARRY H MARSHALL
CARL M WOOD · DAVID C JOHNSON · DAYLE R HALL · STEPHEN M TRAYNOR · PATRICK
FRANK J GASPERICH Jr · RICHARD A AARON · CLIFTON C NEWCOMB · JAMES J PAUL
WILLIAM B RHODES · LARRY A WOODBURN · AMBERS A HAMILTON · DAVID L ALEXANDER · KENNETH
BRIAN R FOLEY · ROBERT J ROGERS · ROBERT P JACQUES · CURTIS L WILLIAMS · THEODO
RUSSELL G BLOCHER · THOMAS P B KING · JOSEPH A TERESINSKI · WILLIAM A LAR
LEWIS R YATES · DONALD J MEEHAN Jr · RICHARD S KULWICKI · WILLIAM A LAR
THOMAS A SONY · ROLAND D TROYANO · CHARLES L PEACE · JOSE MARIE ROCHA
LONALD R COLEMAN · RAFAEL RIVERA BENITEZ · BRUCE A VAN DAM · CHARLES E WITHERSPOON
RANDALL L HARRIS · THOMAS P DOODY · CHARLES G BOBO · TYRONE C BRADLEY
LENOX L RATCLIFF · KEVIN P KNIGHT · MICHAEL B FIRST · LEWIS D MEYER Jr
GERALD J TWOREK · JOHN E ROBERTSON · DALE W MEAD · PAUL C STEWART
EDMOND S BLACKBURN Jr · CHARLES H SOULE · SHELBY G HENSLEY
GREG R CARTER · BRUCE A CHRISTENSEN · STEVEN D WHISENANT
PHILLIP J SANDOVAL · EDGAR McDANIEL · STEPHEN W PIETRZAK
JOSEPH A MACKEY · KENNETH A BARGER

# POTOMAC RIVER: GREAT FALLS

Der Potomac River, im Osten der USA, hat seinen Ursprung in den Appalachen in West Virginia und mündet nach über 500 Kilometern in die Chesapeake Bay. Seine beiden Quellflüsse, North Branch Potomac River und South Branch Potomac River, vereinigen sich unweit von Cumberland an der Grenze zwischen Maryland und West Virginia. An seinem Oberlauf ist das Gewässer rau und tost über unzählige Stromschnellen, ab Washington, D. C., ist er schiffbar und vor seiner Mündung auch mehrere Kilometer breit. Die Stromschnellen und Wasserfälle, die Great Falls, sind heute Teil eines Nationalparks. Mit dem Boot sind die Fälle, die sich aus kleineren, gefährlichen Kaskaden zusammensetzen nicht befahrbar. Der viertgrößte US-amerikanische Fluss entlang des Atlantiks gilt als Trinkwasserquelle für zahlreiche Anrainerstädte, auch für Washington, D. C., und die Umgebung.

# BLUE RIDGE MOUNTAINS

John Denver besingt die Berge in seinem Hit »Take me home, Country Roads«. Tatsächlich sehen sie zart graublau aus, wenn der Nebel sich im Morgenlicht hebt: Die Blue Ridge Mountains verdanken ihre bläuliche Farbe typischen Ausdünstungen der dichten Mischwälder, in denen sich das Licht bricht. Der Höhenzug gehört zu den Appalachen und beherbergt deren höchsten Berg, den 2037 Meter hohen Mount Mitchell. Durch die hügelige Landschaft windet sich auf 750 Kilometern Länge der Blue Ridge Parkway, eine Panoramastraße, die den Shenandoah-Nationalpark in Virginia mit dem Great Smoky Mountains Nationalpark in North Carolina verbindet. Mit Glück sehen die Autofahrer von der Straße aus nicht nur einen Wasserfall, sondern bekommen auch Schwarzbären oder Kojoten vor die Linse – besser sind die Chancen allerdings für jene, die sich zu Fuß in die Berge aufmachen.

# SHENANDOAH NATIONAL PARK

Der im Jahre 1935 gegründete Shenandoah National Park nimmt einen großen Teil der malerischen Blue Ridge Mountains ein, die sich östlich der Appalachian Mountains zwischen Pennsylvania und Georgia erstrecken. Von Osten nach Westen fließt der Shenandoah River durch das Tal. Im 19. Jahrhundert hatten sich hier zahlreiche europäische Siedler in den Bergen niedergelassen. Ihre Nachfahren leben außerhalb der geschützten Gebiete noch immer in winzigen Dörfern und auf Farmen. Der 164 Kilometer lange Skyline Drive, eine der schönsten Aussichtsstraßen der USA, durchquert den Park von Norden nach Süden und gewährt fantastische Ausblicke auf die Bergtäler und Wälder. Über 800 Kilometer markierte Wanderwege gibt es im Nationalpark, darunter ein Abschnitt des 3500 Kilometer langen Appalachian Trail, einem der längsten Fernwanderwege der Welt.

# JAMESTOWN ISLAND

Bereits 13 Jahre vor der legendären »Mayflower« landeten Auswanderer an der Küste Virginias: Im Jahr 1607 erreichten gut hundert Engländer in drei kleinen Schiffen eine Insel im heutigen James River, die sie nach dem englischen König James I. erst James Fort, später Jamestown nannten. Waren die Siedler in den ersten Jahren oft durch Hunger, Indianerangriffe und Krankheiten bedroht, besserte sich die Lage, als sie mit dem Anbau von Tabak begannen. Dieser war bald ein Exportschlager. Am 30. Juli 1619 trat in Jamestown die Generalversammlung von Virginia zusammen – zugleich die erste gesetzgebende Bürgerversammlung in der neuen Nation. Heute kommen Besucher, um in der »Olde Towne« historische Mauerreste und im »Archaearium« Originalgegenstände aus dem 17. Jahrhundert zu besichtigen. In einer Glasbläserei stellen Handwerker Glas her wie damals.

# BABCOCK STATE PARK

Mit nur rund 17 Quadratkilometern vergleichsweise winzig ist der Babcock State Park im kleinen West Virginia. Er verläuft entlang einer bewaldeten Schlucht, der New River Gorge. Während der Fluss als wohl beste Stelle der USA für das Wildwasser-Raften gilt, sind die Sandsteinklippen bei Kletterern sehr beliebt. Eines der meistfotografierten Motive West Virginias aber ist die Glade Creek Grist Mill, eine Wassermühle in vollem Betrieb, die die einst 500 Mühlen des Bundesstaats repräsentiert. Im Jahr 1976 wurde sie der nahe gelegenen Cooper's Mill nachempfunden, aus Teilen dreier anderer Schrotmühlen. Noch heute mahlt sie Mais- und Buchweizenmehl, aus dem hungrige Wanderer beim nächsten Feuerplatz traditionelles Fladenbrot backen können. Benannt ist der Park nach einem fortschrittlichen frühen Bürgermeister von Pittsburg.

# SOUTHERN STATES

Baumwollfelder, Plantagenhäuser, schwarze Jazz-Musiker – in manchen Gegenden der Südstaaten scheint die Zeit vor einhundert Jahren stehen geblieben zu sein. Wären da nicht die riesigen Baumwollpflückmaschinen, die heute im Sommer statt afro-amerikanischer Sklaven oder verarmter weißer Sharecropper-Familien auf den Feldern unterwegs sind; ragten in den größeren Städten nicht moderne Stahl-Glas-Bauten auf; würden nicht Wahlplakate mit schwarzen Bürgermeister-Kandidaten aushängen, so könnten beim Durchqueren von Virginia bis Louisiana Zweifel aufkommen.

# CAPE HATTERAS NATIONAL SEASHORE

Leuchttürme können nicht laufen. Doch wer das schwarz-weiß-gebänderte, 1870 erbaute Cape Hatteras Lighthouse länger nicht besucht hat, könnte es fast glauben: 1999 wurde der größte Leuchtturm Nordamerikas um fast 900 Meter versetzt – im Ganzen! Grund für den Umzug war die näher gerückte Küste, die die Fundamente anzugreifen begonnen hatte. Denn der Schutzpark um Cape Hatteras befindet sich im Wandel: Wind, Wellen, Meeresströmungen und Stürme formen die zu den Outer Banks gehörenden Düneninseln. Sie laden zum Fischen, Muschelnsammeln, Surfen, Kajaken oder zu langen romantischen Strandspaziergängen ein. Als berühmtester Besucher der Inseln gilt der Pirat Blackbeard. Er machte die von der »National Seashore« umfasste Insel Ocracoke vor dreihundert Jahren zum Ausgangspunkt für Raubzüge zu den Inlandhäfen von North Carolina.

# CHARLOTTE

An der Kreuzung zweier alter Indianerhandelswege siedelten sich vor mehr als zweihundertfünfzig Jahren europäische Einwanderer an und noch heute lässt sich das Handelsroutenkreuz im Stadtzentrum wiederfinden. Charlotte ist die größte Stadt von North Carolina, sie ist von Banken und Kirchen geprägt. Doch nicht nur Geld und Glaube bestimmen die Architektur: Seit 2010 können Besucher auch eine kleine Sammlung moderner Kunst der Nachkriegsära bewundern, im von Mario Botta entworfenen Bechtler Museum of Modern Arts. Und im städtischen Football-Stadion finden Spiele der National Football League und Konzerte statt. Ein Auftritt der Rolling Stones lockte 1997 mehr als fünfzigtausend Fans hierher. Zudem öffnen Bierbrauereien ihre Pforten für Freunde des Hopfentrunks. Im Herbst gibt es den passenden Höhepunkt dazu: Auch Charlotte feiert ein »Oktoberfest«.

# GREAT SMOKY MOUNTAINS NATIONAL PARK

Der Great Smoky Mountains National Park liegt in den ehemaligen Jagdgründen der Cherokee-Indianer. 1837 wurden diese aus ihrer angestammten Heimat vertrieben und über den »Trail of Tears« (Weg der Tränen) nach Westen geschickt. Über 4000 Indianer starben unterwegs oder in Lagern. Mittlerweile leben die meisten ihrer Nachfahren in der Kleinstadt Cherokee. Heute ist der Tourismus im Great Smoky Mountains National Park eine willkommene Einnahmequelle. Schon seit 1926, als ein Teil der Berge unter Naturschutz gestellt wurde, gilt der offiziell im Jahre 1934 gegründete Nationalpark als eines der schönsten Naturschutzgebiete des US-amerikanischen Ostens. Ausgedehnte Wälder erstrecken sich bis zum Horizont, zerklüftete Felsen ragen aus dem dichten Grün. Kleine Gebirgsbäche verwandeln sich nach heftigen Regengüssen in Wasserfälle.

# BLUE RIDGE PARKWAY

Vor allem für Motorradfahrer ist diese Straße ein Traum. Sie mäandert flussgleich neben den Blue Ridge Mountains entlang, bietet Höhenunterschiede von mehr als 1500 Metern und lockt mit zahlreichen Aussichtspunkten. Es heißt: »Der Parkway ist mehr als eine Straße – er ist eine wunderschöne Reise.« Das bringt es auf den Punkt. Die Fahrt auf der 755 Kilometer langen Verbindung zwischen dem Shenandoah-Nationalpark im Norden und dem Great Smoky Nationalpark im Süden lohnt sich zu jeder Tages- und Jahreszeit. Ob die umliegenden Hügel geheimnisvoll im Nebel auftauchen oder die Sonne hinter den Bergkuppen glühend rot verschwindet, ob Sterne über der Szenerie blinken oder Sturmwolken über sie hinwegfegen, der Indian Summer sein üppiges Farbspiel zeigt oder im Winter die kahlen Bäume mit Raureif überzogen sind – dieser Weg ist in jedem Fall auch ein Ziel.

# SUMTER NATIONAL FOREST

Zusammen mit dem sumpfigeren Francis Marion National Forest stehen in South Carolina fast 2550 Quadratkilometer Waldfläche unter Naturschutz. Der Sumter National Forest wird in drei Rangerbezirke gegliedert, die jeweils drei nahezu geschlossene Waldflächen umfassen: den Andrew Pickens, den Enoree und den Long Cane. Für Paddler und Angler lohnt sich ein Abstecher zum wirbeligen Chattooga Fluss im nördlich gelegenen Andrew Pickens. Der jährliche »Kids Fishing Day« macht es dort sogar kleinen Besuchern möglich, große Fische zu angeln. Mountainbiker können sich auf dem weitverzweigten und gut ausgeschilderten Long-Cane-Wegenetz austoben und Jagdlustige sollten sich nicht die Reh- und Truthahnsaison entgehen lassen.

# FRANCIS MARION NATIONAL FOREST

Während der benachbarte Sumter National Forest eher für sportive Unternehmungen steht, verführt der Francis Marion-Wald durch seine wilde Schönheit zu langsamen Erkundungstouren. Wilde Orchideen wachsen an den Wegrändern. Wassermokassinschlangen und Waldklapperschlangen gleiten durchs Unterholz. Die seltenen Kokardenspechte bauen ihre Höhlen in den hiesigen Sumpfkiefern. Einige der Areale gehören zu den naturbelassenen Gebieten, wie die »Little Wambaw Swamp Wilderness« – ein sumpfiges Gelände, in dem große Sumpfzypressen wie alte Riesen über Flächen wachen, die von Menschenhand verschont blieben. Im Sommer wachen hier Tausende Moskitos, die ihr Larvendasein unter Wasser beenden und neue Nahrungsquellen suchen. Deshalb sind Erkundungstouren in der Wildnis nur im Winter und den ersten Frühlingstagen zu empfehlen.

# ATLANTA

Atlanta, seit 1868 die Hauptstadt des US-Bundesstaates Georgia, ist der »Neue Süden«: Futuristische Wolkenkratzer bestimmen die Skyline einer Stadt der Superlative, in der Giganten wie CNN, Coca-Cola und UPS zu Hause sind. Einst aus einem Handelsposten hervorgegangen, wurde die Stadt während des Bürgerkriegs niedergebrannt, doch die Einwohner bauten alles wieder auf. Atlanta entwickelte sich zur Vorzeigestadt eines neuen schwarzen Selbstbewusstseins, das auch Martin Luther King Jr. zu verdanken ist, der in Atlanta geboren wurde und dessen berühmte Rede (»I Have A Dream«), die er am 28. August 1963 vor dem Lincoln Memorial in Washington, D.C. hielt, unvergessen ist. Im Martin Luther King Jr. Center findet man das Geburtshaus und das Grab des stets Gewaltlosigkeit predigenden, am 4. April 1968 in Memphis, Tennessee, erschossenen Bürgerrechtlers.

# SAVANNAH UND MACON

Savannah wurde am 1. Februar 1733 gegründet, als der englische Seefahrer James Oglethorpe sich mit 120 Siedlern am Savannah River niederließ. Er plante die Siedlung auf dem Reißbrett, gruppierte die Häuser um vierundzwanzig Plätze, die bis heute erhalten blieben. Im Fall eines Krieges mit den damals benachbarten Spaniern sollten sich die Bürger auf diesen Plätzen verschanzen können. Jeder davon entwickelte seinen eigenen Charakter und Charme. In den 1950er-Jahren bewahrten verantwortungsvolle Bürger den historischen Stadtkern vor gierigen Spekulanten und retteten somit das historische Savannah für die Nachwelt. Auch Macon, wie Savannah in Georgia gelegen, hat historischen Charme: Die zum Glück im Bürgerkrieg verschonte Altstadt ist über zahlreiche Hügel verteilt und verzaubert mit viktorianischen Zuckerbäckerhäusern und herrschaftlichen Palästen.

# TYBEE ISLAND

Fast fünf Kilometer öffentlicher Badestrand prägen die sieben Quadratkilometer große Insel, die zeitweilig »Savannah Beach« hieß und als Vorort der alten Südstaatenmetropole galt. Ihr heute wieder eingesetzter Name entstammt der Sprache der Yuchi-Indianer, er bedeutet »Salz«-Insel. Alljährlich im Mai findet hier die »Beach-Bum-Parade« statt, eine Wasserpistolenschlacht im großen Stil. Die Tradition gründet in den 1980er-Jahren, als sich zwei Mannschaften nach einem Softball-Spiel mit Wasserbomben zu bewerfen begannen. Eine andere Bombe hatte Tybee Island, den östlichsten Punkt Georgias, schon früher einmal zu unrühmlicher Berühmtheit gelangen lassen: Während eines militärischen Trainings musste eine Atombombe ungeplant abgeworfen werden. Sie detonierte nicht und ist seit dem Abwurf verschollen. Als Tybee-Bombe ging sie in die Geschichtsbücher ein.

# JEKYLL ISLAND STATE PARK

Passend zum Namen hat diese kleine Insel zwei unterschiedliche Gesichter. Im naturbelassenen Süden mit den Salzwiesen und geschützten Stränden leben Weißwedelhirsche. Einmal im Jahr legen Meeresschildkröten ihre Eier ab. Fischreiher warten in den Ästen des Küstenwaldes auf Gelegenheit zum Fang. Im mondänen Norden dagegen laden Strandbars und Golfplätze zu weltlicheren Vergnügen ein. Sie gehen auf die Nutzung der Insel durch den Jekyll Island Club zurück, dem bis in die 1940er-Jahre die gesamte Insel gehörte. In den teils denkmalgeschützten viktorianischen Räumen des Jagd-Clubs, gegründet für reiche Nordamerikaner, soll Anfang des zwanzigsten Jahrhunderts das Zentralbanksystem der United States geplant worden sein. Seitdem die Insel in Staatshand ist, liegen menschliches Lärmen und die Stille wilder Strände nur wenige Meter voneinander entfernt.

# OKEFENOKEE NATIONAL WILDLIFE REFUGE

»Zitternde Erde« bedeutet der Name Okefenokee – das kann jeder nachempfinden, der seine Füße auf den weichen Torfmoorboden gesetzt hat. Jahrtausendelang fischten und jagten Georgias Ureinwohner in diesem Feuchtgebiet, zuletzt fanden hier kriegerische Seminolen Zuflucht. Doch seit ihrer Vertreibung um Mitte 1840 sind die Sümpfe vor allem Flora und Fauna vorbehalten. Ein großflächiges Trockenlegen misslang, nur wenige Menschen leben hier als eigenbrötlerische »Swampers«. Das enorme Schutzgebiet mit rund 1630 Quadratkilometern umfasst den Großteil der Okefenokee-Sümpfe. Durchflossen vom Suwannee River, ist es eines der größten intakten Süßwasser-Ökosysteme. Das konnte auch ein wochenlanger Waldbrand nicht ändern. Seine Besucher kommen nach wie vor zum Paddeln, Angeln und Jagen – mit Fernglas und Kamera.

# MISSISSIPPI RIVER

Kinder schicken ihre Fantasie seit fast einhundertvierzig Jahren mit Tom Sawyer und Huckleberry Finn auf Abenteuerreise über den Mississippi. Ob die beiden dabei auch an der größten präkolumbischen Stadt Nordamerikas, Cahokia, vorüberkamen, erfahren wir von Mark Twain nicht. Selbst heute wissen nur wenige, dass die Ureinwohner nördlich von Mexiko befestigte Städte bewohnten. Wer in einem der alten Mississippi-Dampfer den »Ol' Man River« flussabwärts schippert, gleitet aber nicht nur an den Spuren dieser Hochkultur vorüber, sondern auch an vierhundert Jahren europäischer Besiedelungsgeschichte Amerikas. Die Raddampfer tuckern an Baumwollfeldern vorbei, an den Schlachtfeldern des Bürgerkrieges und an modernen Skyscrapern. Die vom Ufer herüberwehende Country-Musik weicht allmählich dem volltönigen Jazz und melancholischen Blues-Klängen.

# MEMPHIS

Die Stadt der drei Könige, doch dies ist nicht im biblischen Sinne gemeint. Martin Luther King, Elvis Presley »The King« und B.B. King gehören zu Memphis wie der Mississippi, der hier träge vorbeifließt. In der Südstaatenmetropole wurde Martin Luther King Jr., die charismatische Person der amerikanischen Bürgerrechtsbewegung, erschossen. Elvis Presley, der Revolutionär des Rock'n'Roll, erlangte in den Clubs der Stadt seinen Durchbruch. Und die Karriere von B.B. King, dem berühmtesten Blues-Gitarristen der Welt, nahm in den Parks von Memphis ihren Anfang. In der Beale Street, der Heimat des Blues, hat B.B. King einen eigenen Bluesclub. Es lohnt auch ein Abstecher zu den Sun Studios, in denen Elvis »The King« Musikgeschichte geschrieben hat. Das National Civil Rights Museum präsentiert die Geschichte der Bürgerrechtsbewegung bis zu Kings Ermordung.

# OZARK MOUNTAINS

Die Ozark Mountains sind eigentlich ein Hochplateau, das sich über ein Gebiet von nahezu 122 000 Quadratkilometer erstreckt. Die sanft gewellten bewaldeten Hügel des Plateaus sind von Flüssen, Wasserfällen und Seen, auch Stauseen, durchzogen, die zum Teil kristallklares Wasser führen. Der Buffalo River, der erste national geschützte Fluss der Vereinigten Staaten, entspringt hier in den Höhen der Boston Mountains. Sie formen im Südwesten des Plateaus eine etwas schroffere Sand- und Kalkstein-Landschaft. Für Naturliebhaber lohnt ein Abstecher zu den Ozark National Scenic Riverways, einem kleinen Schutzgebiet entlang der Flüsse Current und Jacks Fork. Auf dem Areal leben zahlreiche Vögel, wie der gefährdete Swainson-Waldsänger. Es entspringen frische Quellen wie die Big Spring, während mehr als dreihundert Höhlen Fledermäusen ein Zuhause bieten.

# BATON ROUGE

Am östlichen Ufer des Mississippi, der an dieser Stelle mehr als eineinhalb Kilometer breit ist, liegt die pulsierende Hauptstadt von Louisiana – Baton Rouge. Der Name »Roter Stock« stammt von den ersten französischen Einwanderern, die entlang des Mississippi-Ufers nach einer geeigneten Stelle für eine Siedlungsgründung suchten. Sie fanden einen mit toten Fischen bestückten rot gefärbten Pfahl, eine Grenzmarkierung zwischen zwei Indianerstämmen. Heute ist die ökonomisch starke und deshalb beständig wachsende Stadt im Sommer ein heißes, schwüles Zentrum des intellektuellen, wirtschaftlichen und sportlichen Lebens Louisianas. Die Studenten zweier Universitäten starten Jahr für Jahr in das breit gefächerte Arbeitsleben der Metropole: etwa in die Zweige der Petrochemie, die in Baton Rouge boomt. Die LSU Tigers gehören zu den Top Ten der National Championships.

# PLANTATION HOUSES

Die Plantation Houses verströmen genau jene Südstaatenromantik, die den meisten in den Sinn kommt, wenn sie vom »Alten Süden« hören und dabei wohl vor allem an den erfolgreich verfilmten Roman von Margaret Mitchell denken. Im US-amerikanischen Süden spricht man meist nicht von Plantation Houses, sondern von Antebellum Houses, also Vorkriegshäusern. Da viele Besitzer dieser Häuser ihren Reichtum mit Hilfe von Sklaven erworben hatten, setzte nach dem Ende des Bürgerkriegs ein Niedergang ein. Bekannte Plantation Houses, die Besuchern den Großteil des Jahres offen stehen, sind Rosemont Plantation, Houmas House Plantation und das vielleicht berühmteste von allen, Oak Alley Plantation. Die Rosemont Plantation liegt bei Woodville im US-Bundesstaat Mississippi. Hier verbrachte Jefferson Davis, der Präsident der Südstaaten während der Sezession, seine Kindheit und Jugend. Das Haus ist noch heute originalgetreu möbliert.

# NEW ORLEANS

Das älteste Viertel von New Orleans liegt am Ufer des Mississippi und verdankt seinen gut erhaltenen Architekturstil weniger den Franzosen als vor allem den spanischen Kolonisten. Doch die vermutlich am häufigsten fotografierten Häuser des French Quarter sind dem mondänen Paris des 19. Jahrhunderts entlehnt: die 1840 gebauten ziegelroten Pontalba Buildings. Sie glänzen mit den filigranen Eisengeländern ihrer Balkone neben üppig grünen Kontrasten der Blumenkästen vor dunklem Mauerrot. Das in den 1920er-Jahren von Intellektuellen und Künstlern eroberte Viertel ist heute eine Touristenmeile, in der Hotels und Clubs dominieren. Dennoch verströmen die denkmalgeschützten Gemäuer noch das Flair vergangener Zeiten. Im Lafitte's Blacksmith Shop an der Bourbon Street, einer uralten Taverne, sollen Vampire und andere zwielichtige Gesellen einkehren.

# ATCHAFALAYA NATIONAL WILDLIFE REFUGE

Das größte Sumpfgebiet Nordamerikas, das Atchafalaya Basin, entführt die Besucher in eine Welt geheimnisvoller Klänge. Das hohe rhythmische Rufen eines Ochsenfrosches im feuchten Unterholz wird begleitet vom hellen Zwitschern der Indigofinken, die im von Sumpfzypressen herabhängenden Spanischen Moos sitzen. Ein am Wasser stehender Krabbenreiher schimpft schnarrend dazwischen. Weitere Ochsenfrösche fallen wie zum Hohn in den Chor ein. Ein Waldschnepfenpaar beginnt im Hintergrund zu »quorren«, während die Abenddämmerung Einzug hält. Das Wildtierschutzgebiet gehört zu den artenreichsten natürlichen Rückzugsräumen Nordamerikas. Je länger Besucher sich hier aufhalten, desto mehr Vögel und sonstige Bewohner werden sie hören. Der südlicher gelegene Lake Fausse ist ein guter Ausgangspunkt für Kanufahrten in die Wasserwildnis.

# CADDO LAKE NATIONAL WILDLIFE REFUGE

Nur wenige natürliche Seen bietet das weithin trockene Texas, doch einer der schönsten ist der Caddo Lake. Benannt nach dem einst hier lebenden Volk der Caddo, entstand das 103 Quadratkilometer große Gewässer nicht durch Gletscher oder Erdbewegungen. Stattdessen stauten enorme Mengen Treibholz an einer Engstelle nach und nach einen Fluss auf. Ungewöhnlich ist auch das riesige Zypressensumpfgebiet. Der größte derartige Wald der Welt scheint auf dem See zu schwimmen, daher der Name »Floating Forest«. Viele der Bäume sind Jahrhunderte alt. Hier herrscht eine reiche Artenvielfalt, darunter viele seltene oder gar bedrohte Spezies. Allein 86 Fischarten leben in dem bis sechs Meter tiefen See und seinen Sümpfen, ein Paradies für Angler. Manchen Berichten zufolge soll in dem dichten Wald auch das legendäre Fabelwesen »Bigfoot« hausen.

# DAYTONA BEACH

Wer Autos mag, wird Daytona Beach lieben: Die 60000 Einwohnerstadt unterhält mit ihrem Speedway nicht nur eine international bekannte NASCAR-Autorennstrecke – sie verwandelt sich auch einmal im Jahr zur US-Hauptstadt der Harley-Davidson-Fans, die dann auf den Boulevards ihre Maschinen präsentieren. Dass Daytona bei Autofahrern derart hoch im Kurs steht, liegt auch an seinen besonderen Stränden. Sie sind bis zu 150 Meter breit und verfügen über einen besonders festen Untergrund. So können Feriengäste fast direkt bis ans Meer fahren, ohne einzusinken – in Schrittgeschwindigkeit, versteht sich. Immerhin zieht sich der Sandstrand hier mehr als 37 Kilometer die Küste entlang. Malerische Unterbrechung des Trubels bietet der 400 Meter weit ins Meer ragende Pier. Besonderen Ausblick bietet eine Seilbahn, die Besucher von einem Ende zum anderen trägt.

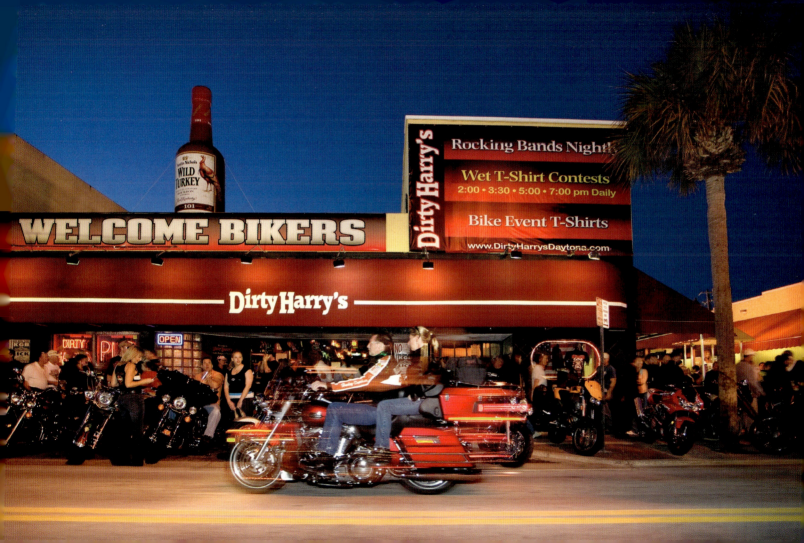

# CAPE CANAVERAL

Dieser Name ist Inbegriff der Raumfahrt: Hier ist die Apollo 11 mit Neil Armstrong gestartet, der als erster Mensch 1969 den Mond betreten hat. In den folgenden Jahren gingen immer wieder Bilder von Raketenstarts um die Welt. Forschungsflüge der Raumfähre Columbia gehörten ebenso dazu wie Materialtransporte zur Internationalen Raumstation ISS. 1986 allerdings explodierte die Raumfähre Challenger bei ihrem Start, 17 Jahre später verglühte die Columbia beim Wiedereintritt in die Erdatmosphäre. Seit 2011 hat die NASA keine Spaceshuttle-Starts mehr vorgesehen und arbeitet an einer neuen Generation von Raumschiffen. Das 1949 eingerichtete Weltraumzentrum basiert auf deutscher Technologie, Grundlage der Raketen war Wernher von Brauns V-2-Rakete aus dem Zweiten Weltkrieg. Nach Kriegsende entwickelte von Braun die Raketentechnik in den USA weiter.

# ST. JOHNS RIVER

Der St. Johns River schlängelt sich, ähnlich wie der Nil, von Süden nach Norden und ist mit seinen 500 Kilometern der längste Fluss Floridas. Sein Spitzname lautet auch »Lazy River«, denn seine Fließgeschwindigkeit zählt zu den niedrigsten der Welt. Wildes Rafting können Reisende hier also nicht erwarten, dafür sind ruhige Hausboottouren oder Kanutrips möglich. St. Johns River gilt nicht nur als langsam, sondern zählt auch zu den flachsten Flüssen der Welt, das macht ihn besonders anfällig für Verschmutzungen. Hier wird natürliche Gerbsäure freigesetzt, sie bringt das Gewässer regelmäßig zum Umkippen. Massenhaftes Sterben von Fischen ist also nicht selten. Dennoch schreckt das die anpassungsfähigen Tiere nicht ab, im Gegenteil: Der Fluss ist bekannt für seinen großen Artenreichtum. Delfine, Rochen und sogar Seekühe tummeln sich in seinen Fluten.

# PALM BEACH

Diese Stadt gilt als Enklave der Superreichen: Palm Beach zählt zu den reichsten Städten der Welt. Dass Palm Beach beliebter Winterferienort der Reichen und Schönen Amerikas ist, zeigt sich nicht nur an den zahlreichen Villen. Hier finden sich die Villen von Berühmtheiten wie Estée Lauder, John Lennon sowie des Kennedy-Clans, sie hatten hier jahrelang ein Ferienanwesen oder betreiben wie Donald Trump berühmte Klubs. Immerhin jeder zweite Einwohner ist hier älter als 65 Jahre – Jüngere können sich diese Preise kaum leisten. Mit seiner Insellage und seinen breiten, langen Sandstränden vor Floridas Gold Coast zieht Palm Beach wintermüde Wohlhabende an. Lange Luxuslimousinen gehören hier genauso zum Straßenbild wie gepflegte Golfplätze. Aushängeschild des Ortes aber ist die edle Worth Avenue mit ihren Shops wie Gucci, Tiffany oder Armani.

# BOCA RATON

Auch in diesem Küstenort haben sich Reichtum und Lifestyle auf besondere Weise verknüpft. Boca Raton zählt zu den Luxusgegenden Floridas. Der Aufschwung in den 1930er-Jahren ist dem Wirken von Addison Minzer zu verdanken. Der Stararchitekt, der auch den Neubau des Breakers-Hotel in Palm Beach erschaffen hat, brachte mediterrane Lebensart nach Boca Raton. Dieser postkoloniale spanische Stil liegt bis heute über dem Örtchen, in dem die Dächer rote Ziegel und die Häuser schön geschwungene Bogengänge haben müssen. Besonders schön zeigt sich der Stil im von Minzer entworfenen »Boca Raton Hotel«. Doch nicht nur mediterrane Wurzeln hat Boca Raton. Anfang des 20. Jahrhunderts siedelte sich eine Kolonie Japaner hier an und züchtete Ananas. An die Yamato-Kolonie erinnert heute das Morikami-Museum. Dort wird heute japanische Gartenkunst gezeigt.

# FORT LAUDERDALE

Mit seinem weitverzweigten Netz an Kanälen gilt Fort Lauderdale als Venedig Floridas. Immerhin sind die Kanäle insgesamt länger als 400 Kilometer, und so zählen Wassertaxis und Boote zu den wichtigen Transportmitteln in der Stadt. Wer also Fort Lauderdale erkunden will, kann das am besten vom Wasser aus, etwa auf dem berühmten Dampfer »Jungle Queen«. Berühmt sind nicht nur der große Seehafen Port Everglades, sondern auch der Kreuzfahrthafen, der zu den größten der Welt gehört. Diesen steuern auch so berühmte Schiffe wie die Queen Mary 2 an. Und auch bei Outlets bietet Fort Lauderdale Superlative, denn sein Center Sawgrass Mills Malls mit den mehr als 350 Geschäften zählt zu den größten der Welt. Sehen lassen kann sich zudem das Kunstmuseum der 180 000-Einwohner-Stadt. Im Museum of Art finden sich Werke von Henry Moore und Andy Warhol.

# MIAMI

Sie gehört neben New York City und Chicago zu den beliebtesten Innenstädten der USA. Miami Downtown ist ein stark wachsendes Geschäftszentrum in Südflorida. Ältester Teil der Stadt ist Coconut Grove mit alten tropischen Parks und historischen Bauten wie etwa dem Woman's Club. Moderner geht es rund um die Flagler Street und Brickell Avenue zu: Hier reiht sich ein modernes Hochhaus an das andere. Zum Wahrzeichen der Stadt geworden ist schon fast der Tower der Bank of America. Insgesamt haben Banken, Versicherungen und große Unternehmen in der aufstrebenden Innenstadt ihren Sitz, während sich rund um den Biscayne Boulevard viele Botschaften niedergelassen haben, so auch die deutsche. Und da Florida kein armer US-Bundesstaat ist, entstand in der North Miami Avenue sogar ein eigenes Juwelierviertel; es gehört zu den drei größten der USA.

# MIAMI BEACH

Filme wie »Miami Vice« oder »The Fast and the Furious« brachten Bilder von breiten weißen Sandstränden, gesäumt von Wolkenkratzern und türkisblauem Wasser, auf die Bildschirme in aller Welt. Miami Beach ist Floridas Vorzeige-Urlaubsort. Dass sich hier karibisches Lebensgefühl und amerikanischer Stil vereinen, zeigt sich an den pastellbunten Häusern des Art-déco-Districts. Inlineskater sausen elegant in knapper Kleidung am Strand entlang, leise summen Elektroautos über den Asphalt und stehlen fast den Mustangs und Chevrolets die Show. Nachts tönt Salsa-Musik aus den Klubs und mit Elektrobussen pendeln die Partygäste in die Hotels. Die erste Werbung für Miami Beach ist seit 1915 immer noch aktuell. Damals schürten große Plakate im winterlichen New York das Fernweh. Sie trugen die Aufschrift »It's June in Miami«. Auch für Besucher aus aller Welt gilt Miami als Sonnenscheingarantie.

# MIAMI BEACH: OCEAN DRIVE

Makellos glänzen pastellfarbene Oldtimer mit eleganten Harley-Davidson-Maschinen um die Wette, Palmen rauschen im Wind, aus den Bars duftet der Espresso und am Strand macht ein Team Modeaufnahmen. Der Ocean Drive ist die perfekte Promenade in Floridas Süden – eigentlich. Als am 15. Juli 1997 der italienische Modeschöpfer Gianni Versace vom Morgenspaziergang zurückkehrte, zeigte sich der Tag trügerisch schön wie jeder andere. Doch dann hallte ein Schuss durch Floridas Luxusidylle. Der Stardesigner brach auf der Treppe seiner Prachtvilla zusammen und starb an den Folgen des Anschlags. Die Versace-Villa zählt zu den meistfotografierten Häusern der USA und folgt damit dem Weißen Haus in Washington. Das News Café, in dem sich der Stardesigner jeden Morgen seine italienische Tageszeitung holte, ist dadurch zu trauriger Berühmtheit gekommen.

# EVERGLADES

Die Everglades, ein Sumpfgebiet im Süden Floridas, umfassen ein Gebiet von 5661 Quadratkilometern. Der bereits 1947 gegründete Nationalpark reicht vom Tamiami Trail im Norden bis zur Florida Bay im Süden und von den Florida Keys im Osten bis zum Golf von Mexiko. »Pay-hay-okee« nannten die Indianer die Everglades, »Meer aus Gras«. Wenn der Wind über das Jamaica Sawgrass streicht, erinnern die Sümpfe an einen stürmischen Ozean. Das zähe Gras wurde jahrhundertelang durch das nach Süden fließende Wasser des Lake Okeechobee gespeist, heute wird das Wasser durch künstliche Dämme und Kanäle gebremst – ein Eingriff in den Kreislauf der Natur, der nicht nur von Ökologen verurteilt wird. Holzbohlenwege führen in die Sumpfgebiete hinein und erlauben es den Besuchern, die Wasservögel beim Brüten und Alligatoren zu beobachten.

# KEY LARGO

Die nördlichste Stadt der Florida Keys nennt sich auch »Taucherhauptstadt der Welt«. Sie ist Ausgangspunkt für viele Unterwasserexkursionen und Schnorchelabenteuer, doch ebenso beliebt ist Key Largo bei Anglern. Sie können hier Knochenfisch und Rotbarsch angeln. Berühmt geworden ist Key Largo allerdings durch den Film »Gangster in Key Largo« aus dem Jahre 1948 mit Humphrey Bogart. Er machte die Menschen auf den Ort aufmerksam und brachte die ersten Filmtouristen auf die Insel. Aber nicht nur auf diesen Spuren können sie wandeln: Aus dem Kinoklassiker »African Queen« mit Humphrey Bogart und Katharine Hepburn ist im Hafen von Key Largo auch das gleichnamige Boot zu bewundern. Die Lage als Eingangstor zu den Florida Keys lockt viele Touristen an. Die Insel befindet sich nahe der Everglades, idealer Startpunkt für einen Ausflug.

# ISLAMORADA

Bestehend aus sechs Inseln, gehört der Islamorada-Archipel zu den besten Angelrevieren Floridas. Es ist eine der wenigen Stellen auf der Welt, wo mit Glück selbst die schwer zu fangenden Fächerfische geködert werden können. So gehören nicht nur die Fischer, die im Hafen stehen und den Riesenfang zeigen, zu den typischen Szenen auf der Insel. Auch große Sportangelgeschäfte prägen das Bild. Weiter draußen erfreut üppige tropische Vegetation das Herz der Besucher. Besonders ein Baum, der im Lignumvitae Key Botanical State Park wächst: Er schält sich genauso leuchtend rot wie die Haut der sonnenverbrannten Touristen, deshalb wird der Lignumvitae-Baum Touristenbaum genannt. Wer Zeit hat, sollte auf den Inseln einfach mal zu einem Pier bummeln und von dort Fische beobachten, denn davor drängeln sie sich im Wasser oftmals und warten auf Häppchen.

# FLORIDA KEYS NATIONAL MARINE SANCTUARY

Seine einzigartige Unterwasserfauna und -flora machen das sichelförmige Korallenriff der Florida Keys so attraktiv. Mit seiner besonderen Lage zwischen der Florida Bay und dem Golf von Mexiko auf der einen und dem Atlantik auf der anderen Seite gehört es zu den artenreichsten Meeresgebieten des gesamten Kontinents. Deshalb steht die 9600 Quadratkilometer große Fläche seit 1990 unter strengem Naturschutz. Das empfindliche Riff hatte zu sehr an den Folgen der Überdüngung und Überfischung der Meere gelitten. Sechs Meilen vor der Küste starteten Naturschützer im Jahr 2002 ein neues Projekt und versenkten das ausgediente Marineschiff Spiegel Grove im Meer. So wollten sie in 41 Meter Tiefe die Basis für ein neues Korallenriff legen. Tatsächlich haben sich bereits Korallen an das Wrack angesiedelt, sie bilden einen schönen Kontrast zu Kaiserfisch, Doktorfisch, Hummer oder Barrakuda. Das Gestein bietet oft Weichkorallen oder Schwämmen wichtige Refugien.

# KEY WEST

Dieses Eiland ist die letzte der Inselkette, hier führt der Overseas Highway nur in eine Richtung – gen Festland. Havanna ist näher als Miami, und so bildet diese Insel sozusagen das Ende der Welt. Kubanische Einwanderer brachten die Kunst des Zigarrenrollens auf das Eiland, und Schiffswracks gehörten lange Jahre zur Haupteinnahmequelle der Bewohner, denn die vorgelagerten Korallenriffe machten vielen Schiffen den Garaus. Die westlichste der Keys setzt auf ländlichen Charme und Lässigkeit. Obwohl der Tourismus weiter zunimmt, feiern hier Prominente seit langer Zeit ausgelassene Partys. Key Wests Besuchermagnete sind nicht nur die bunte Betonboje, die den südlichsten Punkt der kontinentalen USA markiert, und die Altstadt mit ihren bunten Holzhäuschen, sondern auch die Plätze, an denen sich der berühmteste Bewohner der Stadt aufgehalten hat: Ernest Hemingway.

# OCALA NATIONAL FOREST

Zwei unterirdische Höhlen speisen die kristallklare Karstquelle Silver Glen Springs. Der halbrunde Quellsee ist ein Eldorado für Fische und ein beliebtes Freizeit- und Erholungsgebiet im Ocala National Forest, ein sehr wald- und wasserreiches Schutzgebiet. Die Quelle ist Teil der Silver Glen Springs Recreation Area, Besucher dürfen hier schwimmen, schnorcheln, picknicken, fischen und auf dem Quellfluss, der im Osten des Sees zum großen Lake George abfließt, auch Boot fahren. Besonders beliebt ist das Schnorcheln in dem klaren Quellwasser. Im lichtdurchfluteten Becken ziehen Fischschwärme ihre Bahnen, ohne sich von den Tauchern aus der Ruhe bringen zu lassen. Das klare Quellwasser strömt tief aus dem Kalkstein an die Erdoberfläche und bietet zahlreichen Tieren im Wasser und am Ufer Lebensraum. Die Quelle liegt rund 20 Kilometer südlich von Lake Silver Springs.

# CRYSTAL RIVER

Sie sehen ein bisschen aus wie dicke, knautschige graue Kissen. Schwerfällig treiben Manatis unter Wasser durch den Crystal River. Nur ganz gemächlich bewegen die Seekühe ihre Flossen, um an die Wasseroberfläche zu kommen und dort lautstark zu prusten. Etwa alle sechs Minuten müssen die streng geschützten Säugetiere auftauchen und Luft holen, um sich dann wieder in das kristallklare Wasser des Crystal River zu senken und nach Pflanzen zu suchen. Manatis fressen ständig, denn schon ein Neugeborenes wiegt rund 30 Kilogramm bei der Geburt. Ausgewachsen wird das Tier über 550 Kilogramm schwer. Im Städtchen Crystal River finden Touristen an jeder Ecke Angebote für geführte Schnorcheltouren zu den »Gentle Giants«. Die friedlichen Kolosse sind ein Besuchermagnet am Fluss, den warme Süßwasserquellen speisen und der sich hier weit in flache Deltas auffächert.

# TAMPA BAY

Ein »Mündungsgebiet von nationaler Bedeutung« ist Tampa Bay, die große Meeresbucht, an die sich die Städte St. Petersburg, Clearwater und Tampa schmiegen. Die Bucht entstand erst vor rund 6000 Jahren, als sich der vormals große Süßwassersee zum Golf von Mexiko öffnete. Neben dem Hillsborough River speisen rund 100 weitere Flüsse und Bäche die Bucht, die deshalb Brackwasser enthält, also eine Mischung aus Süß- und Salzwasser.

Gut 1000 Quadratkilometer groß und nur etwa drei Meter tief, bieten ausgedehnte Mangroven- und Feuchtgebiete an den Ufern zahlreichen Tieren und Pflanzen Lebensraum. Für Ornithologen ist die Bay besonders spannend: Braunpelikane, Rosalöffler, Kormorane und Lachmöwen – mehr als zwei Dutzend Vogelarten leben hier ganzjährig, im Winter kommen Zugvögel und andere Überwinterungsgäste wie Rundschwanzseekühe hinzu.

# FORT MYERS

Mitte des 19. Jahrhunderts als Verteidigungsanlage gegen den Indianerstamm der Seminolen gegründet, ist die nach Colonel Abraham C. Myers benannte Siedlung seit 1886 eine eigenständige Stadt. Sie zählt heute 60000 Einwohner und erstreckt sich um die Mündung des Flusses Caloosahatchee. Der Stadt vorgelagert liegen mehrere Inseln im Golf von Mexiko, darunter das schmale Estero Island mit dem elf Kilometer langen Sandstrand Fort Myers Beach. Beliebte Ausflugsziele sind die Naturinseln Sanibel und Captiva Island, die über eine Brücke angebunden sind. Auf regelmäßige Wetterphänomene und typische Vögel deuten die Namen von zwei Buchten hin: Hurricane und Pelican Bay. In Fort Myers trainieren bekannte Baseball-Mannschaften wie die Boston Red Sox, im Hammond Stadium finden regelmäßig Baseball-Begegnungen statt.

# NAPLES

Naples, englisch für Neapel, gehört zu den reichsten Städten der USA. Das Pro-Kopf-Einkommen ist hier nahezu dreimal so hoch wie im Landesdurchschnitt. Wichtigster Wirtschaftszweig ist der Tourismus. Früher lebten in der Gegend um Naples die Indianerstämme der Creek und der Calusa, die sich bis aufs Blut bekämpften. Ende des 19. Jahrhunderts begann die Besiedelung mit weißen Zuwanderern. Unter den frühen Siedlern waren auch wohlhabende Geschäftsleute aus Kentucky, die hier ihr Winterdomizil aufschlugen. 1922 ließ sich der Millionär Barren Gift Collier, nach dem auch das County benannt ist, in Naples nieder. Bis 1960 blieb Naples ein ruhiges Winterdomizil, dann brachte der Wiederaufbau nach dem Hurrikan Donna den erhofften Aufschwung. Heute zählt Naples gut 20000 meist gut situierte Einwohner und ist eine kleine, sehr exklusive Stadt.

# MIDWEST

Bodenständig und wirtschaftlich stark ist der Mittlere Westen der USA. Südwestlich der fünf Großen Seen haben sich Metropolen entwickelt, die ihre europäischen – oft deutschen – Wurzeln selbstbewusst pflegen. Detroit hat als Autostadt Geschichte geschrieben und die »Twin Cities« Minneapolis und St. Paul gehören zu den kulturellen Schwergewichten im Norden der USA. Jazz, moderne Kunst und verwegene Architektur ballen sich auch in Chicago und Kansas City. Und das Spektrum der Natur spannt sich von dichten Wäldern bis zu weiten Ebenen, die an die Westerntreks erinnern.

# DETROIT

Die »Motor City« in Michigan wurde 1701 von dem französischen Pelzhändler Antoine de la Mothe Cadillac gegründet. Schon im späten 19. Jahrhundert stellte man hier Fahrzeuge her – Pferdewagen und Fahrräder. Zu Beginn des 20. Jahrhunderts begann Henry Ford mit dem Automobilbau. Er revolutionierte die Fließbandarbeit und schuf mit dem »Model T« das erste Massenauto. Bis zum Jahr 1920 zogen andere Autobauer wie General Motors, Pontiac und Chrysler nach Detroit. In den 1960er-Jahren erschütterten Rassenkrawalle die Stadt. Viele Weiße zogen weg. Mit einem neuen Aufschwung im Automobilbau in den 1990er-Jahren und einer Revitalisierung der Innenstadt kehrte der alte »Drive« zurück. Heute verfällt die Stadt wieder. Musikalisch empfahl sich die Stadt in den Golden Sixties mit dem schwarzen Motown Sound der Supremes und seit den 1980er-Jahren mit Detroit Techno.

# LAKE HURON

Einen ungewöhnlichen Sport erlaubt der Huronsee, der zweitgrößte der Großen Seen: das Wracktauchen. Im teils glasklaren Wasser, durch das die Grenze zwischen den USA und Kanada verläuft, liegen Hunderte versunkene Schiffe. Umschwärmt von einer Vielzahl an Fischen, darunter Hechte, Meerneunaugen und Barsche, bieten sie auch von kleinen Glasboden-Motorbooten ein beliebtes Bild. Manchmal scheint es, als könnten die riesigen Wracks aus der Tiefe aufsteigen und als Geisterschiffe ihr Unwesen treiben. Dazu passt, dass sich im See auf kanadischer Seite eine indianische »Geisterinsel« befindet, Manitoulin, die größte Binnenseeinsel der Welt. Außer ihr enthält der knapp 60 000 Quadratkilometer große See noch weitere 30 000 Inseln. Seinen Namen verdankt er dem Indianerstamm der Wyandot, auch »Huronen« genannt. Im Winter friert der Lake Huron teilweise zu.

# LAKE MICHIGAN

Größer als die Schweiz ist der lang gestreckte See mit seinen 58 000 Quadratkilometern. Die Anishinabe-Indianer nannten ihn Mishigami, »großes Wasser«. Am Südufer liegt die Metropole Chicago, doch auch beschauliche Städtchen finden sich: »Holland« pflegt hingebungsvoll seine europäischen Wurzeln mit Windmühlen, Holzschuhfabrik und original holländischer Bäckerei. Windiges Wetter spült hübsche graubraune Korallenskelett-Stücke an die nördlichen Strände, die »Petoskey-Steine« – seit 1965 Staatssteine von Michigan. Am Ostufer erlauben steile weiße Sanddünen, geschützt als Sleeping Bear Dunes, einen weiten Blick über den riesigen See. Am Westufer, schon in Wisconsin, lohnt ein Abstecher zum Cave Point County Park mit riesigen Gischtwolken über ausgehöhlten Kalksteinbuchten. Der Michigansee grenzt nicht an Kanada.

# OTTAWA NATIONAL FOREST

Bis vor 11 000 Jahren bedeckten dicke Eismassen Nordamerika. Wie die Gletscher das Land formten, lässt sich südlich des Oberen Sees eindrucksvoll studieren: Vormals weite waldige Flächen schliff das Eis zu runden Felskuppen. Als die Gletscher schließlich schmolzen, hinterließen sie in den Senken Seen und in den Tälern große sandige Flächen. Bis heute prägt Nadelwald mit dichten Bodendeckern die Landschaft im Ottawa National Forest.

Elche, Wölfe, Vielfraße und Bären streifen hindurch. An den Steilklippen am Lake Superior im Nordwesten nisten Wanderfalken. Nicht weit entfernt mündet der Black River in den See, der seinen Namen den schwarzen Gerbstoffen verdankt, die er aus den Tannenwäldern Wisconsins mitbringt. Auf dem Weg schäumt er malerisch über mehrere Kanten, etwa als Potawatomi oder Gorge Falls. Im Winter lockt die oft meterhohe Schneedecke.

# PORCUPINE MOUNTAINS WILDERNESS STATE PARK

Die Porcupine Mountains, Berge des Stachelschweins, sollen in ihren Wäldern tatsächlich viele dieser Tiere beherbergen. Ihren Namen bekamen sie allerdings vom Ojibwa-Volk, das in der Bergsilhouette ein Stachelschwein erkannte. Das Schutzgebiet, auch »die Porkies« genannt, umfasst das mit 13 000 Quadratmetern größte Gebiet alten typisch nordamerikanischen Mischwalds westlich der Adirondacks. Schon seit 1945 ist der Wald geschützt, auch als Heimat vieler Schwarzbären, Wölfe, Elche, Füchse und Luchse. Doch auch Biber, Flussotter und Nerze fühlen sich wohl – ebenso wie Angler, Paddler und Wanderer, die den Big Carp River und den Lake of the Clouds besuchen. Im Winter kommt es am nahen Lake Superior oft zu plötzlichem, sehr heftigem Schneefall – ein Paradies für Skilangläufer. Als historisches Ziel lockt eine alte Kupfermine.

# PICTURED ROCKS NATIONAL LAKESHORE

Ein Drittel von Michigan, die entlegenen Gebiete der »Upper Peninsula«, sind wenig erschlossen und bieten unverfälschte Natur und romantische Fischerdörfer. Zu den interessantesten Wildnisgebieten der »UP«, wie die Obere Halbinsel gern von den Einheimischen genannt wird, gehören auch die Landschaften im Pictured Rocks National Lakeshore am Lake Superior mit ihren einsamen Stränden und einer wilden rauen Küste. Majestätisch erheben sich die vielfarbigen, über 60 Meter hohen Sandsteinklippen, die sich knapp zehn Kilometer am Ufer entlang ausbreiten. Der teils feuchte Boden, das kalte maritime Klima und häufiger Wind sorgen für eine eigene Atmosphäre in dieser wunderschönen waldreichen Landschaft, die von Flüssen und Bächen durchzogen wird. In Ufernähe wird die Landschaft häufig von Nebel und teilweise starkem Schnee heimgesucht.

# COLUMBUS

Erbaut von deutschen Immigranten, war Columbus' Bevölkerung zeitweise zu einem Drittel deutsch – bis zum Ersten Weltkrieg, als diese Kultur verboten wurde und später das verfallende deutsche Viertel modernen Neubauten weichen sollte. Heute gehört das »German Village« zu den beliebtesten Wohnvierteln der Metropole. Auch ein Oktoberfest feiert man in Ohios Hauptstadt. Im Geburtsort von James Thurber, dem Humoristen der New York Times, flanieren Studenten auf dem flächenmäßig größten Universitätscampus der USA. Einen weiteren Rekord hielt Columbus Anfang des 19. Jahrhunderts mit der weltweit größten psychiatrischen Anstalt, Heim für 1300 Kranke. Den Beinamen »Buggy Capital of the World« Ende des 19. Jahrhunderts verdankte die Stadt der florierenden Kutschenproduktion. Ein Sechstel aller Kutschen der Welt stammte von hier.

# CINCINNATI

Die »Queen of the West«, Königin des Westens, entstand 1788 als erste dauerhafte Stadt im Nordwesten – damals noch als Losantiville. Sie gehörte zu den ersten »Boomtowns« im Landesinneren, mit einer rapide wachsenden Wirtschaft und Bevölkerung. Kriegsveteranen nannten sie später nach dem römischen Soldatenführer Lucius Quinctius Cincinnatus um. Obgleich Cincinnati nur 300 000 Einwohner hat, zählt sie zu den wichtigsten Handelsstädten der USA. Die starken deutschen Wurzeln, Ende des 19. Jahrhunderts war jeder zweite Einwohner Deutscher, zeigt sich an so manchen Einrichtungen der Stadt. Einem Münchner gelang es 1865 überzeugend, den monumentalen Tylor-Davidson-Brunnen zu konstruieren, heute ein Wahrzeichen der Stadt. Die 322 Meter lange John A. Roebling Suspension Bridge über den Ohio River war lange die längste Hängebrücke der Welt.

# INDIANAPOLIS

Weil sich in der Hauptstadt von Indiana mehrere Highways und Eisenbahnlinien kreuzen, wird Indianapolis auch »Crossroads of America« genannt. Vor allem den privaten Spenden sind die mannigfaltigen kulturellen Einrichtungen und Parks in der Innenstadt zu verdanken. Wie Washington, D.C. wurde auch Indianapolis auf dem Reißbrett entworfen: Ein Netz von Straßen geht vom zentralen Monument Circle aus. Auf dem Indianapolis Motor Speedway fand am 30. Mai 1911 das erste Rundstrecken-Autorennen der Welt statt: Das »Indy 500« ist heute mit mehr als 400 000 Zuschauern vor Ort die größte jährlich stattfindende Eintagessportveranstaltung der Welt. Passend dazu werden in einer »Ruhmeshalle« (Hall of Fame) historische Rennwagen ausgestellt. Außerdem sehenswert: das Eiteljorg Museum of American Indians and Western Art und das Indianapolis Museum of Art.

# MAMMOTH CAVE NATIONAL PARK

Die Mammoth Cave in Kentucky ist das größte bekannte Höhlensystem der Welt und wurde deshalb von der UNESCO zum schützenswerten Naturerbe erklärt. Die Länge der erforschten Wege beträgt über 500 Kilometer, doch wie groß das im Laufe von Jahrhunderten durch unterirdische Flüsse geschaffene, weitverzweigte Höhlensystem wirklich ist, vermag bislang niemand zu sagen. Einst sollen prähistorische Indianer in dem unterirdischen Reich gewohnt haben. Die Besucher bekommen nur einen winzigen Teil der Höhlenräume zu Gesicht und müssen klettern, um von einem Gang in den anderen zu kommen. Im Gegensatz zu anderen Höhlen sind die Gänge nicht in künstliches Licht getaucht. Wenn der Ranger die Lampen ausschalten lässt, fühlt man sich tief in den Bauch der Erde versetzt. Steter Tropfen hat hier eine Welt bizarrer Kalksteinformationen geschaffen.

# ST. PAUL

Wo der Minnesota River in den Mississippi mündet, blühte schon früh der Handel. Französische Forscher und Missionare ließen sich nieder, 1841 errichteten sie an dem Marktflecken eine Kathedrale: St. Paul. Das neoromanisch-neobyzantinische Bauwerk überragt majestätisch das Stadtzentrum. Die Hauptstadt Minnesotas ist im Laufe des 20. Jahrhunderts mit dem benachbarten Minneapolis zusammengewachsen – zu Zwillingsstädten, den »Twin Cities«. St. Paul gilt als familienfreundlich, mit dem Children's und dem Science Museum, einem beliebten Zoo, Botanischen Garten und vielen Picknickplätzen im Grünen. Die Innenstadtarchitektur mit ihren Türmchen und barocken Kuppeln, alten Herrenhäusern und öffentlichen Plätzen ist einzigartig. Schwindelfreie Besucher lockt ein einzigartiger Stadtrundgang: auf den »Skyways« zwischen den Wolkenkratzern in luftiger Höhe.

# MINNEAPOLIS

Die Geschichte des »Zwillings« Minneapolis ist eng mit der Produktion von Mehl verbunden: Vor hundert Jahren ermöglichten es innovative Wassermühlen an den Saint Anthony Falls, ein besonderes Mehl zu mahlen. Schnell gehörte die Stadt zu den wichtigsten Mehlproduzenten der USA, die hochmoderne Technik, später auch Holz-Sägemühlen, lockten viele neue Siedler an. Der Name entstand aus dem Dakota-Wort »Minne« für Wasser und dem griechischen »Polis« für Stadt. In der größten Stadt Minnesotas steht das Walker Art Center, eins der fünf großen Museen der Gegenwartskunst in den USA. Berühmt in dem kulturellen Zentrum des Mittelwestens sind auch das Orpheum Theatre, das Pantages Theatre oder das traditionsreiche Guthrie Theatre. Das Minnesota Orchestra gilt als eines der besten des Landes. Jeden Winter verwandeln sich die Zwillingsstädte in ein Paradies aus sehenswerter Eiskunst.

# SUPERIOR NATIONAL FOREST

Ganz im Norden Minnesotas, nahe der Grenze zu Kanada und am Nordufer des Lake Superior, erstreckt sich ein dichter Nadel- und Mischwald, wie ihn noch die Trapper und indianischen Ureinwohner erlebten. Rund 16 000 Quadratkilometer Land, durchzogen von Bächen, Flüssen und Seen, dienten einst der Jagd und dem Pelzhandel. Gemeinsam mit einem Teil Ontarios ist die Region Teil der »Boundary Waters«, der Grenzgewässer, in denen der Mensch am besten im Kanu vorankam. Entsprechend gehört ein Viertel des Nationalwalds auch zur »Boundary Waters Canoe Area«: Paddler können die Region per Boot über ein historisches Netz von Gewässern und Umtragstellen erkunden. Zwar ist Holzeinschlag in Maßen erlaubt, doch überwiegt der Schutz von Flora und Fauna: Luchs und Timberwolf sind hier zu Hause, ebenso wie Seeadler, Loons oder auch Kolibris.

# UPPER MISSISSIPPI RIVER

Als Oberer Mississippi gelten die 2000 Kilometer Flusslauf zwischen dem Itascasee und Cairo, wo der Ohiofluss hinein mündet. Die Seenplatte im Norden Minnesotas lässt Fluss und Seen beständig ineinander übergehen. Bevor der Mississippi seine südliche Richtung einschlägt, durchquert er unter anderem »Lake Winnie«, den mitten in ausgedehnten Mischwaldflächen gelegenen Winnibigoshishsee. Die einst durch natürliche Wasserfälle überwundenen Höhenmeter des Oberlaufes werden heute größtenteils durch Staudämme und Schleusen bewältigt, die streckenweise Schiffsverkehr erlauben. Geschützte Areale sind beispielsweise das »Upper Mississippi River Refuge«. Mehr als 260 Kilometer Flusslauf werden unter der Ägide des nationalen Naturschutzgebietes in ihrer natürlichen Gestalt belassen, um Vögeln wie den bunten Brautenten einen Rückzugsraum zu bieten.

# WISCONSIN COUNTRYSIDE

Heuwiesen bis zum Horizont, sanft gewellte Hügel, rote Farmhäuser und typische Wassertürme – im Hinterland von Wisconsin scheint die Zeit langsamer zu laufen als in dem schnelllebigen Amerika der Großstädte. Auf den 25-Cent-Münzen Wisconsins sind eine Kornähre, eine liegende Kuh und ein Stück Käse abgebildet, was belegt, dass seine ländliche Seite im Selbstbild des Bundesstaates eine große Rolle spielt. »America's Dairyland«, das Milchland der USA, wurde von deutschen Einwanderern erschlossen. Fast die Hälfte der heute lebenden Wisconsiner stammt von Deutschen ab. Stadtnamen wie Fitchburg, New Berlin und Germantown unterstreichen das. Neben Wäldern gibt es 15 000 Seen, viele Städter aus dem nahen Chicago genießen die Landschaft – etwa per pedes oder Pedale auf dem 20 Kilometer langen White River State Trail im Süden des Landes.

# DEVIL'S LAKE STATE PARK

Auf die einundzwanzig smaragdgrünen Inseln im Lake Superior, dem größten und kältesten der Great Lakes, gelangt man per Schiff ab Bayfield im äußersten Norden Wisconsins. Erkunden kann man die mit borealem Nadelwald bewachsenen Inseln nur zu Fuß. Sie beherbergen einige bedrohte Arten. Etliche Vögel wie der Kanadareiher oder Kormorane haben dort Brutkolonien. Auf einigen Inseln leben Schwarzbären. Sechs historische Leuchttürme aus dem 19. Jahrhundert locken Besucher an. Die Höhlen unterhalb der roten Sandsteinklippen von Sandy und Devils Island sind im Sommer nur per Boot zu erreichen. Über Jahrtausende haben dort hohe Wellen das Ufer untergraben und Hohlräume und Spalten geschaffen. Im Winter bietet sich das spektakulärste Schauspiel. Dann hängen weiß oder blau schimmernde Eiszapfen und gefrorenes Wasser von den Felsen herab.

# NORTHERN HIGHLAND STATE FOREST

Boulder Junction im Nordwesten des Bundesstaats Wisconsin ist ein Wander- und Radparadies allererster Klasse. In den weitläufigen Wäldern gibt es unzählige Wege und Pfade, auf denen man zu Fuß oder mit dem Fahrrad die hügelige, von Wasser durchzogene Landschaft erkunden kann. Hier ist die Natur ganz unberührt, und man ahnt nichts davon, dass Wisconsin aufgrund seines fruchtbaren Bodens gleichzeitig Farmland ist. Im Gebiet von Boulder Junction können Vögel, insbesondere Adler, und verschiedene Waldtiere beobachtet werden. Mit etwas Glück lassen sich einige Exemplare der Albino-Hirsche entdecken, für die die Gegend auch überregional bekannt ist, denn hier lebt die größte Herde an Albino-Hirschen in Wisconsin.

# IOWA COUNTRYSIDE

Wer von Wisconsin westwärts fährt, wird zunächst kaum einen Unterschied bemerken. Rote Farmhäuser leuchten zwischen riesigen Feldern, gesäumt von bewaldeten Hügeln. Rund zwei Drittel Iowas sind von Farmland bedeckt. Statt der Heuwiesen dominieren nun Mais und Sojabohnen, weshalb Iowa auch »Corn State« genannt wird. Wo Mais wächst, sind Ethanol-Anlagen für Biokraftstoff nicht weit. Die Kulturpflanzen in diesem Landstrich stammen fast alle direkt oder indirekt vom gentechnisch veränderten Saatgut des umstrittenen Konzerns Monsanto ab. Sie widerstehen vielen Insekten oder den Unkrautvernichtern des Unternehmens. Nicht alle Landwirte Iowas sind mit dieser Entwicklung einverstanden. Noch ist Iowa ein idyllischer Rückzugsort für Aussteiger. Sein Grasland, die kleinen Sümpfe und Seen beherbergen auch gefährdete Vögel, Muscheln und Orchideen.

# CHICAGO

Chicago war schon im 19. Jahrhundert ein wichtiger Verkehrsknotenpunkt und Handelsplatz im US-Bundesstaat Illinois. Im größten Viehverladebahnhof der Nation wurden Rinder und Schweine aus den Güterzügen geladen und in die Schlachthöfe getrieben. In den »Roaring Twenties«, den »wilden Zwanzigern« des 20. Jahrhunderts, erwarb sich die »Windy City« Al Capones den zweifelhaften Ruf einer Gangstermetropole. Vom 8. auf den 9. Oktober 1871 zerstörte ein verheerender Brand fast die ganze Stadt. Von den alten Gebäuden steht nur noch der historische Wasserturm. Das neue Chicago wurde über den verkohlten Trümmern der alten Metropole errichtet – die aufregende Architektur ist der beste Beweis für den unerschrockenen Unternehmungsgeist seiner Bürger: Bis auf New York verfügt keine andere Stadt in den USA über eine so imposante Skyline wie Chicago.

# CHICAGO: DOWNTOWN

Der Loop, ein Ring aus Hochbahn-Schienen, rahmt am Chicago River im Norden und Westen, an der Michigan Avenue im Osten und an der Roosevelt Avenue im Süden, die Innenstadt von Chicago ein. Hier pulsiert das Herz dieser Metropole. Die State Street gilt als größte Fußgängerzone der Welt und lockt mit Kaufhäusern wie Marshall Field's, Boutiquen, vielen Restaurants, Kinos, Theatern. Auf den Bürgersteigen stößt man auf überraschende Farbtupfer: »Kunst im öffentlichen Raum«. Dazu gehören eine sechzehn Meter hohe unbetitelte Plastik von Pablo Picasso an der Daley Plaza, »Flamingo« (die Riesenspinne von Alexander Calder vor dem Chicago Federal Center), »Universe« (ein gigantisches Mobile desselben Künstlers in der Eingangshalle des Sears Tower) und »The Four Seasons« (ein zwanzig Meter langes Mosaik von Marc Chagall an der First National Plaza).

# CHICAGO: MILLENNIUM PARK

Der Park wirkt wie ein gigantischer Spielplatz für Roboter. Im Zentrum befindet sich der Jay Pritzker Pavilion – eine enorme Freilichtbühne, die vor allem klassischer Musik einen muschelförmigen Raum ohne kantige Wände bietet. Um die Höhenbestimmungen im Park zu umgehen, wurde der Pavillon statt als Gebäude als Kunstwerk deklariert. Eine bizarre Springbrunnen-Konstruktion von Jaume Plensa erfreut vor allem Kinder: Auf Glasbausteinwände werden wechselnde Gesichter der Einwohner Chicagos projiziert, die Wasser aus ihren »Mündern« speien. Auf der konvexen Oberfläche eines Tores namens »Cloud Gate« spiegelt sich die Skyline Chicagos. Die Mischung aus monumentalen Skulpturen, Architekturkunst und Parklandschaft fasziniert Millionen von Besuchern. Sie gilt als beispielhafte Umsetzung der Möglichkeiten des 21. Jahrhunderts im öffentlichen Raum.

# CHICAGO BULLS

Schwitzende Hünen, tobende Fans, tanzende Cheerleader – Basketball gehört zu den US-amerikanischen Nationalsportarten und setzt Emotionen in einer Intensität frei, wie es hierzulande nur Fußball vermag. Die »Chicago Bulls« spielen in der Profi-Liga Nordamerikas, der National Basketball Association NBA, wo auch kanadische Mannschaften vertreten sind. Prominentester Spieler des Teams war Michael Jordan, den ein amerikanischer Sportsender zum »Sportler des Jahrhunderts« ausrief. Als sein Talent sich Anfang der 1980er-Jahre abzuzeichnen begann, holten die damals im Mittelfeld der NBA rangierenden Chicago Bulls den Spieler zu sich. Sie gerieten mit der charismatischen Figur Jordan nicht nur an die Spitze der Profiliga, sondern auch in den Fokus der Weltöffentlichkeit. Mitte der 1990er-Jahre galten die »Bulls« als größtes Team in der Geschichte des Basketball.

# ST. LOUIS

Ganze 43 Jahre lagen zwischen der Vision eines Denkmals im damals etwas heruntergekommenen Hafenbereich von St. Louis und seiner Realisierung. Doch seit 1964 ist das riesige Gateway Monument für Besucher zugänglich und symbolisiert nichts Geringeres als das Tor zum Westen für die europäischen Siedler, die von hier ins Ungewisse starteten. Der 192 Meter hohe Stahlbogen am Westufer des Mississippi ist begeh- und befahrbar: In Kapseln können fünf Gäste gleichzeitig nach oben befördert werden. Unterirdisch, genau zwischen den Bögen, steht das »Museum of Westward Expansion« – ein Museum zur Besiedelung des amerikanischen Westens. Doch die nach Ludwig IX. benannte Stadt hat mehr zu bieten: Das St. Louis Symphony Orchestra gehört zu den renommiertesten seiner Zunft. Und Miles Davis, der legendäre Jazzmusiker, wuchs in St. Louis auf.

# KANSAS CITY

Zwei berühmte Eigenheiten hat die bis nach Kansas reichende größte Stadt Missouris hervorgebracht: einen eigenen Jazz-Stil und eine eigene Barbecue-Variante. Unter »Barbecue« allgemein verstehen Nordamerikaner nicht nur eine Garmethode für Fleisch, sondern alles, was zu einem zünftigen Grillereignis gehört – in Kansas City steht »Barbecue« für ein speziell holzgeräuchertes Fleisch. Hier werden Stadtführer allein für die vielen Barbecue-Restaurants der Stadt gedruckt. Der bekannte Kansas-City-Jazz wurde in den 1920ern entwickelt. Heute können auch Laien die unterschiedlichen historischen Jazz-Strömungen des Kontinents in der Stadt nachvollziehen: im American Jazz Museum. Neben Ausstellungen organisiert das Haus ein jährliches Jazz- und Bluesfestival, zu dem renommierte Musiker der Gegenwart ein breites Publikum in die Stadt locken.

# THEODORE ROOSEVELT NP & LITTLE MISSOURI NP

Die raue Prärielandschaft des im Jahre 1978 gegründeten Theodore-Roosevelt-Nationalpark mit seinen Schluchten und Tälern wird vom Little Missouri River, auf dem sich im Sommer die Kanuten tummeln, zerschnitten. Wanderer schätzen den dreizehn Meilen langen Buckhorn Trail. Im südlichen Teil (South Unit) steht die restaurierte Maltese Cross Cabin, das erste Wohnhaus des Präsidenten in dieser Gegend. Eine Asphaltstraße führt zum Wind Canyon, von dem aus man die bunten Felsen am besten betrachten kann. Vom Buck Hill Overlook hat man einen guten Ausblick. Im nördlichen Teil des Parks trifft man auf tiefe Canyons und gelegentlich auf eine Bisonherde. Mit diesem Nationalpark wird auch ein Präsident geehrt, der mehr für den Naturschutz getan hat als jeder andere Präsident: Theodore Roosevelt.

# WIND CAVE NATIONAL PARK

Die Wind Cave gehört zu den größten und verzweigtesten Höhlen der USA. Über 160 Kilometer der Höhlengänge sind erforscht. Bekannt ist diese Höhle im gleichnamigen, 1903 gegründeten Nationalpark auch für ihre sogenannten Steinwaben – seltsame Gebilde aus Kalkspat, die an Honigwaben erinnern. Die Höhle ist von einem Teil der Prärie umgeben, der sich seit der Zeit der großen Planwagenzüge und der Indianerkriege kaum verändert hat. Der Legende nach sollen aus der Wind Cave die ersten Büffel gekommen sein. Auch heute weiden noch Büffel, Gabelböcke und Hirsche auf den Ebenen. Die Zahl der Bisons ist in diesem Park besonders groß – selbst auf einer kurzen Autofahrt hat man gute Chancen, diesen Tieren zu begegnen. Auch Maultierhirsch und Präriehunde (Erdhörnchen) sind hier zu Hause. Ihre natürlichen Feinde sind Kojoten.

# INDIANER

Für »Indianer« hielt Christoph Kolumbus die ersten Ureinwohner des nordamerikanischen Kontinentes, weil er glaubte, den gesuchten Seeweg nach Indien gefunden zu haben. Hätten die vielen Stämme auf dem gesamten Territorium der USA geahnt, was mit der Besiedelung der mächtigen »Weißen« auf sie zukommen würde, hätten sie ihre internen Auseinandersetzung wohl beigelegt und die ersten Siedler weniger friedlich empfangen, als es zunächst weitgehend der Fall war. Heute leben nur noch wenige Nachfahren der einst stolzen Bewohner des Landes: Gerade einmal ein Prozent stellen sie an der Gesamtbevölkerung der USA. In Reservaten versuchen sie die verbliebenen Relikte ihrer untergegangenen Kultur zu retten: Sprache, Geschichten, Gebräuche. Die letzten freien Stämme wurden in den Indianerkriegen des 19. Jahrhunderts besiegt und sesshaft gemacht. Die »Powwows« bilden heute Treffen der Stämme zur Erinnerung an ihre Wurzeln.

# MOUNT RUSHMORE & CRAZY HORSE MEMORIAL

Für die einen ist es die Entweihung eines heiligen Berges – für die anderen der »Heiligenschrein der Demokratie«. Die Lakota-Indianer nannten die berühmte Bergkette einst die »Sechs Großväter«. Seit 1941 aber schauen vier enorme Felsköpfe US-amerikanischer Präsidenten gen Süden: George Washington, Thomas Jefferson, Theodore Roosevelt und Abraham Lincoln. Als Gegenreaktion begann die Bildhauerfamilie Ziolkowski sieben Jahre nach Fertigstellung der präsidialen Porträts die Arbeit an einer riesigen Indianerskulptur: dem »Crazy Horse Memorial« an einer nahen Bergkette. Es ist nach dem kämpferischen Sioux-Indianer »Verrücktes Pferd« benannt, der in den Indianerkriegen versucht hatte, die Freiheit der Ureinwohner zu bewahren. Bislang ist vor allem das Gesicht erkennbar – mit dem Abschluss des Reiterstandbilds wird in rund hundert Jahren gerechnet.

# BADLANDS NATIONAL PARK

Aus der Hochprärie im südwestlichen South Dakota ragt eine Felslandschaft mit steinernen Türmen und Tafelbergen empor. Seit 1978 ist das Gebiet Nationalpark. Die Fossilien im Park sind nach den Erkenntnissen der Wissenschaft bis zu 35 Millionen Jahre alt. Der 48 Kilometer lange Badlands Loop führt zu den interessantesten Aussichtspunkten. Aber auch lebende Tiere wie Büffel und Präriehunde lassen sich beobachten. Im nördlichen Teil, der North Unit, hat man am Big Badlands Overlook einen ausgezeichneten Ausblick auf The Wall – die mächtige Felsbarriere in North Dakota. Am Windows Overlook beginnen die Naturlehrpfade. Der Fossil Exhibit Trail führt durch fossilienreiches Gebiet. Im südlichen Gebiet des Parks, der zum Großteil unerschlossen und deshalb schwieriger zugänglich ist, präsentiert sich die Natur von ihrer urwüchsigen Seite.

# TALLGRASS PRAIRIE NATIONAL PRESERVE

Vor Besiedelung des Landes durch die »Weißen« bedeckten riesige Grassteppen die Weiten des Mittleren Westens. Davon sind heute nur noch wenige Quadratkilometer erhalten – etwa das Tallgrass-Prairie-Schutzgebiet in den Flint Hills in Kansas. Die Gegend zählt zu den »Acht Wundern von Kansas« und gibt auch den zwischenzeitlich dort gänzlich ausgerotteten Bisons ihren Lebensraum zurück. Seit 2009 grasen die Wildrinder wieder in dem knapp 400 000 Quadratkilometer großen Areal. Neben hohen Gräsern beherbergt die Steppe auch Blumen wie die lila Lindley-Mentzelien. Kleine Sträucher und Kräuter sprießen ebenfalls in den grünen Wogen, die an bestimmten Stellen im Schutzgebiet bis zum Horizont reichen. Wer diese Natur oder auch historische Ranchhäuser der Region erforschen will, findet ein Netz von Wanderwegen oder geht mit Rangern auf Tour.

# ROCKY MOUNTAIN STATES

Wenige Menschen, aber viele hohe Berge – auf diese einfache Formel lassen sich die Rocky Mountain States bringen. Traditionell prägt die Rinderzucht das Leben in Montana, Wyoming, Idaho, Utah, Colorado und Nevada, doch inzwischen ist auch hier der Tourismus stark auf dem Vormarsch. Die durchschnittlich 2000–3000 Meter hohe Gebirgskette bietet nicht nur vielen Wildtieren Lebensraum, sondern auch ideale Bedingungen für Freizeitaktivitäten: Vom Angeln über Trekking, Jagen, Wildwasser-Rafting und Klettern bis zum Kajakfahren. Hinzu kommen alle Formen des Wintersports.

# GLACIER NATIONAL PARK

Gletscher über Gletscher, wenngleich sie im Gegensatz zur Eiszeit nur noch einen winzigen Teil bedecken. Doch das hat Pflanzen und Tieren einen einzigartigen Naturraum eröffnet, auch deshalb heißt diese Region hoch in den Rocky Mountains »Krone des Kontinents«. Seit 1910 als Gebirgslandschaft geschützt, grenzt sie direkt an den kanadischen Waterton-Lakes-Nationalpark und gehört zum UNESCO-Weltnaturerbe. Für die hier ansässigen Schwarzfußstämme hatten die Berge auch mystische Bedeutung, allen voran der quadratisch aufragende Chief Mountain. Die ganze Gebirgskette galt den Ureinwohnern als Rückgrat des Kontinents. Hier sind Flora und Fauna weitgehend intakt, Arten wie Grizzly und Luchs, Schneeziege, Pfeifhase und Silberdachs heimisch, neben rund 250 Vogelarten. Wer nicht wandert, kann den Park auch im historischen roten Tourbus erobern.

# SAWTOOTH MOUNTAINS
# SHOSHONE FALLS

Mitten in Idaho ragen die mehr als 3000 Meter hohen Gipfel der Sawtooth Mountains empor. Die aus den dichten Wäldern emporstrebenden schneebedeckten Gipfel werden oft mit den europäischen Alpen verglichen. Zahlreiche Seen findet man in der näheren Umgebung jener Berge, die so dicht an dicht aus dem Boden gewachsen sind, dass sie kaum Platz für Täler ließen. Im Scherz wird behauptet, dass Idaho größer als Alaska wäre, wenn man es flach bügeln würde. Shoshone Falls, ein 70 Meter hoher Wasserfall, ergießt sich in mehreren Kaskaden in den Snake River bei Twin Falls. So eindrucksvoll wie zur Zeit der Planwagenzüge sind sie aber nur noch bei Hochwasser im Frühjahr. Bereits im Jahr 1902 entschied man sich, die Wasserkraft für kommerzielle Zwecke zu nutzen, und auf die Errichtung eines »Shoshone Falls National Park« zu verzichten.

# UPPER MISSOURI RIVER

Wapiti, Weißwedelhirsch, Gabelbock, Rebhuhn und Fasan – kein Wunder, dass bei diesem reichen Wildvorkommen viele Besucher des Upper Missouri River ein Jagdgewehr im Gepäck haben. Insgesamt leben hier 230 verschiedene Vogel- und 60 Säugetierarten; die Region um den Fluss zählt damit zu den artenreichsten in den USA. Kilometer um Kilometer windet sich der Wasserlauf durch die Great Plains, hat sich tief in die sanfte Hügellandschaft mit kurzem, trockenem Präriegras eingegraben. An vielen Stellen sind die Sedimente eines früheren Binnenmeeres in geringelten Schichten zu erkennen, mancherorts ragen alte Vulkanschlote bis zu 60 Meter in die Luft. Wer hier nicht zur Jagd herkommt, der angelt oder ist mit dem Kanu auf dem Fluss unterwegs. Bill Clinton richtete als eine seiner letzten Amtshandlungen im Jahr 2001 das Naturschutzgebiet ein.

# YELLOWSTONE NATIONAL PARK

Der im Jahr 1872 gegründete Yellowstone-Nationalpark ist eine majestätische Wildnis mit Bergen, Flüssen und Seen sowie über 300 Geysiren. Kaltes Wasser sinkt in tiefe Hitzekammern, wird dort aufgeheizt und durch schmale Kanäle an die Oberfläche gepresst. Am verlässlichsten zeigt sich »Old Faithful«, der ungefähr alle 70 Minuten seine kochenden Wassersäulen aus dem Boden schleudert. Der Steamboat Geysir, der 1978 zum letzten Mal ausbrach, ist mit einer Fontäne von über hundert Metern der höchste Geysir der Welt. Schwefelrauch hängt in dichten Schwaden über dem Norris Geysir Basin. Weitere Highlights im Park sind der Grand Canyon of the Yellowstone mit den Upper und den Lower Falls sowie dazwischen die weniger bekannten Crystal Falls. Überraschend vielfältig ist auch die Tierwelt: Bisons, Bären und Wapiti-Hirsche wagen sich oft bis an die Straße heran.

# DEVILS TOWER

Hier landeten die Außerirdischen in Steven Spielbergs Film »Die unheimliche Begegnung der dritten Art«: am Devils Tower, einem hoch aus der flachen Landschaft ragenden Monolithen. Statt »Teufelsturm« nennen ihn die Ureinwohner aber »Heim des Bären«. Einer Sage nach spielten hier Indianermädchen, als hungrige Grizzlys sie entdeckten. Die Kinder liefen zu einem Felsblock und flehten um Rettung. Da wuchs der Fels mit ihnen bis in den Himmel; die Bären kratzen zwar noch wütend die tiefen Rillen in den Berg, reichten an die Mädchen aber nicht mehr heran. Der Legende zufolge sind die Kinder im Himmel geblieben, sie leuchten als Sternbild der Plejaden herunter. Weil der 265 Meter hohe Devils Tower einigen Indianervölkern als heiliger Ort gilt, sind Kletterer hier nicht gern gesehen. Weniger störend sind Besucher, die um den Berg herum wandern.

# SMITH VALLEY

Er war Abenteurer, Trapper und Pelzhändler – Jedediah Strong Smith erkundete vor rund 200 Jahren intensiv die Rocky Mountains. Als erster Weißer durchquerte er die kalifornische Küstenkette mit Pferden und brachte mit seinen exakten Aufzeichnungen die Kartographie der Region entscheidend voran. Auf einer seiner Reisen von der Sierra Nevada zum Walker Lake kam er durch das Tal, das heute seinen Namen trägt und 1400 Einwohner zählt: Smith Valley. Der Pionier bewies, dass die Berge durchaus passierbar waren – alle damals verfügbaren Karten waren lückenhaft und behaupteten das Gegenteil. Smith begann deshalb, über Flüsse, Berge, Wüsten und Seen genaue Aufzeichnungen anzulegen. Aus diesen Notizen des bedeutendsten »Mountain Man« des amerikanischen Westens resultiert die erste verlässliche Karte der Rocky Mountains.

# RENO

Als »größte Kleinstadt der Welt« beschreibt Reno sich augenzwinkernd selbst. In der viertgrößten Stadt des US-Bundesstaates Nevada mit seinen 225 000 Einwohnern dreht sich seit jeher alles ums Glücksspiel. Obwohl bis 1931 illegal, entwickelte sich der Nervenkitzel im Mini-Las-Vegas auch im Verborgenen schnell zum Volkssport. In düsteren Hinterzimmern rollte die Roulettekugel. Doch mit der Eröffnung des Harold's Club Mitte der 1930er-Jahre war das Glücksspiel wieder legal und gesellschaftsfähig, erstmals durften auch Frauen offiziell an die Spieltische. Heute zählt Reno zehn große Casinos. Das spektakulärste ist das 1995 eröffnete Silver Legacy Resort Hotel and Casino mit seinen 38 Stockwerken. Skywalks führen von hier zu anderen Spielsalons hinüber – und eröffnen nebenbei einen grandiosen Blick auf die ferne, meist schneebedeckte Bergkette der Sierra Nevada.

# GREAT BASIN NATIONAL PARK

Von zerklüfteten, mit Salbei bewachsenen Ebenen bis zum fast 4000 Meter hohen Wheeler Peak reicht dieses urwüchsige Naturschutzgebiet mit Flüssen, Seen und einer überaus vielfältigen Flora und Fauna. Einstmals bedeckte ein prähistorischer Wald weite Teile des Gebiets. Einige der Bäume sind über 3000 Jahre alt. Zahlreiche Wanderwege führen am Wheeler Peak ins Hinterland. Vom Auto aus bekommt man auf dem Wheeler Peak Scenic Drive ebenfalls einen sehr guten Eindruck von der Schönheit dieses im Jahre 1986 gegründeten Nationalparks, der zu jeder Jahreszeit fasziniert. Zu den zahlreichen Kalksteinhöhlen gehören auch die Lehman Caves. Zwei künstliche Tunnel führen in diese Zauberlandschaft mit einem verzweigten Netz unterirdischer Gänge, die sich in 2040 Meter Höhe in die Flanke des Wheeler Peak gegraben haben.

# LAS VEGAS

Las Vegas, die glitzernde Spielerstadt in Nevada, fasziniert die Besucher seit den 1940er-Jahren mit ihren Casinos und funkelnden Lichtern. Damals eröffnete Bugsy Siegel, ein berüchtigter Unterweltkönig von der Ostküste, den ersten Spielpalast in dem Wüstennest: das Flamingo Hotel. Das Glücksspiel wurde schon im Jahr 1931 in Las Vegas legalisiert. Es folgte ein Casino nach dem anderen, und Bugsy Siegel wurde durch (fast) ehrliche Arbeit noch reicher. Die Stadt erwacht erst abends so richtig zum Leben, dann flackern die bunten Neonlichter am Strip, der Unterhaltungsmeile von Las Vegas, und die spielsüchtigen Touristen werden sogar in Tourbussen vorgefahren. In den 1990er-Jahren mutierte Las Vegas zu einem riesigen Themenpark: Weil man erst mit einundzwanzig Jahren an einem Glücksspiel teilnehmen darf, wird seitdem die familiengerechte Unterhaltung gefördert.

# THE VENETIAN

Dogenpalast, Markusplatz und Gondeln, die übers Wasser gleiten – hier ist Venedig so, wie man es sich landläufig vorstellt. Andernorts wohnt der Gast im Hotel und erlebt die Sehenswürdigkeiten draußen. Doch im »Venediger« ist das Hotel selbst die Attraktion. Man braucht den gigantischen Komplex gar nicht zu verlassen, um perfekt unterhalten zu werden, multikulturell essen zu gehen – und sich obendrein richtig italienisch zu fühlen. Das Motto des mit mehr als 7000 Zimmern größten Hotels der Welt ist schon am Eingang konsequent umgesetzt. Keck wölbt sich eine Nachbildung der Rialtobrücke über Straße und künstliche Lagune. Im Hotel gleiten singende Gondolieri unter einem künstlichen Himmel über nachgebildete Kanäle. Plätze locken mit Boutiquen und Cafés mit italienischem Eis. Wer in dem 1999 erbauten Komplex auf Weltreise gehen will, lässt sich Tigergarnelen im »Tsunami Asian Grill« grillen oder eine Tarte in der »Pinot Brasserie« servieren.

# GREAT SALT LAKE

Er ist salziger als alle Ozeane und leuchtet von oben betrachtet bunt – der Große Salzsee im Norden Utahs. Er enthält bis zu 27 Prozent Kochsalz, fast so viel wie das Tote Meer. Allerdings nur in seiner Nordhälfte, denn mitten durch den See verläuft der trennende Damm der Eisenbahnlinie Lucin Cutoff. Direkt neben dem Bahndamm stehen bis heute Teile der alten Gerüstpfeilerbrücke, die Anfang des 20. Jahrhunderts als weltweit längste Holzbrücke errichtet wurde. Die Südhälfte des Sees hat nur neun Prozent Salzgehalt, allerdings trotzdem noch fast dreimal so viel wie der Pazifik. Die unterschiedlichen Salzkonzentrationen machen den See zu einem Blickfang aus dem All: Der nördliche Seeteil leuchtet violett, der südliche intensiv blau. Salzgehalt und eine Tiefe von durchschnittlich nur viereinhalb Metern schwanken in Abhängigkeit von Hitze und Trockenheit beträchtlich.

# ARCHES NATIONAL PARK

Die rotbraunen Gesteinsbögen im Arches-Nationalpark, die in einem Zeitraum von 150 Millionen Jahren von Wind und Wetter aus dem Fels gewaschen wurden, stehen seit 1929 unter dem Schutz der Regierung. Seit 1971 gehören sie zum Arches- Nationalpark in Utah. Die 30 Kilometer lange Straße Arches Scenic Drive windet sich in engen Serpentinen zu den eindrucksvollsten Aussichtspunkten hinauf. Spaziergänge führen durch die Park Avenue, eine von fast senkrechten Felswänden gesäumte Allee, und zum Balanced Rock. Weitere Attraktionen sind steinerne Fenster wie das North Window, der Delicate Arch, der über einen zweieinhalb Kilometer langen Wanderweg zu erreichen ist und gut 20 Meter hoch ist, sowie der Landscape Arch, der mit seinen gut 90 Meter Länge sogar im Buch der Rekorde steht. Einen Abstecher ist auch der Devils Garden wert.

# CANYONLANDS NATIONAL PARK

Die Canyonlands im südlichen Utah gehören zu den aufregendsten Landschaften der Erde. Das heutige Schutzgebiet, das in der ersten Hälfte des 20. Jahrhunderts nur Indianern und geübten Reitern zugänglich war, wurde 1964 zum Nationalpark erklärt. Viele Wanderwege führen in die Schluchten und Täler. Sie erschließen eine märchenhafte Welt aus buntem Gestein. Wie ein grünes Band ziehen sich Green River und Colorado durch die Felsen. Vom Grandview Point Overlook hat man einen atemberaubenden Ausblick auf die Schluchten der Flüsse, beim Needles Visitor Center beginnen Wege, die an den Nadeln im Süden vorbeiführen. Überall kann man noch die Überreste der Steinhäusern von den Pueblo-Indianern sehen. Im Maze District gibt es unberührte Natur zu bewundern, da dieser Teil so abgeschieden liegt, dass kaum Besucher vordringen.

# BRYCE CANYON NATIONAL PARK

Orgelpfeifen gleich erheben sich die roten Felstürme des Bryce Canyon aus dem steinigen Boden. Die farbenprächtigen Kalksteinformationen, von Wind und Wetter in Jahrmillionen geschaffen, tragen fantasievolle Namen wie Thor's Hammer, Queen's Castle, Gulliver's Castle, Hindu Temples und Wall Street. Nirgendwo sonst, nicht einmal im Grand Canyon, war die Natur so launisch und erfinderisch wie hier. John Wesley Powell erforschte den Canyon als erster Weißer um das Jahr 1870. Seinen Namen verdankt der spätere Nationalpark Ebenezer Bryce, der im Bryce Canyon eine Ranch errichtete, aber schon bald nach Arizona weiterzog, weil er in den verwinkelten Schluchten manchmal wochenlang nach seinen Rindern suchen musste. Seit 1924 ist der einzigartige Bryce Canyon mit seinem bizarren Wald aus Sandsteinsäulen ein Nationalpark.

# ZION NATIONAL PARK

Der Zion-Nationalpark liegt im südlichen Utah und fasziniert mit hohen Plateaus, tiefen Schluchten und klobigen Tafelbergen. In das farbenreiche Gestein grub sich der Virgin River und formte den Zion Canyon, der seinen biblischen Namen den Mormonen verdankt, die in diesem Gebiet zuerst siedelten. Auch den imposanten Felsformationen gaben sie biblische Bezeichnungen wie East und West Temple oder Great White Throne.

Seit 1919 ist Zion ein Nationalpark. Am Virgin River, einem Nebenfluss des Colorado, führt eine asphaltierte Straße durch den Canyon und zum 13 Kilometer entfernten Temple of Sinawava. Von dort erreicht man über einen Wanderweg den Weeping Rock, einen bewachsenen Felsüberhang, sowie den 370 Meter hohen Angel's Landing (zu Deutsch: »Landeplatz der Engel«), einen besonders markanten Felsklotz.

# CAPITOL REEF NATIONAL PARK

Im – 1971 gegründeten – Capitol-Reef-Nationalpark ragt ein von bunten Gesteinsschichten durchzogenes Sandsteinriff hoch über dem Fremont River auf. Mehr als 250 Millionen Jahre sind die Felsen alt. Die Felswand gehört zur Waterpocket Fold, einer zerklüfteten Bergkette. Sie besteht aus Sedimentschichten, die einst im Wasser entstanden und ein Zauberreich an Formen und Farben schufen. Schokoladenfarbige Schichten erinnern an die Wassermassen; gelber Chinle-Stein entstand, als das Wasser verschwand und sich die Felsen aus dem Meer hoben. Die riesigen Monolithe aus Sandstein bilden eine faszinierende Filmkulisse. So versteckten sich später die legendären Banditen Butch Cassidy und Sundance Kid, durch die Schauspieler Paul Newman und Robert Redford cineastisch unsterblich gemacht, in diesen Schluchten.

# GRAND STAIRCASE ESCALANTE NATIONAL MONUMENT

Spektakuläre Canyons, eine Treppe, wie für Riesen gebaut, und eine Vorratskammer voller Saurierknochen – das ist das fast 7700 Quadratkilometer große National Monument. Erst seit 1996 geschützt, zählt es neben den bekannten Parks in Utah noch fast als Geheimtipp. Dabei bietet diese abgelegene Region im Süden viele Naturwunder in einem. Jeder ihrer drei Teile wäre den Besuch wert: Im Westen liegt die Grand Staircase, eine Schichtstufenlandschaft wie eine Folge enormer Treppenstufen – durchschnitten und in bizarre Felsformationen gebracht vom Paria River. Daneben das trockene Kaiparowits Plateau: In dem 850 Meter dicken Sedimentgestein verbergen sich Mengen an Fossilien von Haien, Krokodilen oder auch Sauriern. Und ganz im Osten schließlich schießt der Escalante River durch tiefe Canyons im verwitterten Sandstein.

# GLEN CANYON NATIONAL RECREATION AREA

Einst ein Canyon, heute eine Wasserlandschaft: Der aufgestaute Colorado River ist 1964 im Grenzgebiet von Utah und Arizona zum Lake Powell geworden. Bei höchstem Wasserstand ist der Stausee fast 300 Kilometer lang. Er schafft mit sehr vielen Seitenarmen eine Uferlandschaft von mehr als 3150 Kilometern, mitten in der ansonsten trockenen Wüste. Daraus ist ein Naturschutz- und Erholungsgebiet mit fast zwei Millionen Besuchern im Jahr entstanden, direkt im Süden schließt der Grand Canyon an. Pittoreske Sandsteinformationen ragen hier hoch aus dem Wasser, Motorboote, Hausboote oder Kanus sind darauf unterwegs. Und so ist auch die beliebteste Sehenswürdigkeit am besten vom Wasser aus zu erreichen – die 88 Meter hohe Rainbow Bridge, größte natürliche Steinbrücke der Welt und bei den einheimischen Navajos ein Heiligtum.

# GLEN CANYON NATIONAL RECREATION AREA: RAINBOW BRIDGE NATIONAL MONUMENT

Von den zahlreichen pittoresken Sandsteinformationen rund um den Lake Powell und den Glen Canyon ist die »Regenbogenbrücke« wohl die beeindruckendste. Bis 88 Meter ragt der rot-orangefarbene Bogen in die Höhe. Vor allem bei Sonnenauf- und -untergang scheint er von selbst zu leuchten. Die Navajo, die seit Jahrtausenden in dieser Region leben, nannten ihn entsprechend »Nonnezoshe«: den »zu Stein gewordenen Regenbogen«. Ihnen gilt er noch heute als Heiligtum und als Portal zu einer früheren Welt. Deshalb sollten sich Besucher dem Bogen auch respektvoll nähern und ihn weder durchqueren noch erklettern, auch wenn er an seiner breitesten Stelle 10 Meter misst. Doch auch vom Pfad und von der Aussichtsplattform aus sorgt die Rainbow Bridge für Staunen. Seit 1910 ist sie als National Monument geschützt.

# HORSESHOE BEND

Als sich der Colorado River über Jahrmillionen tief in den roten Sandstein nagte, erschuf er die verschlungenen Biegungen des Glen Canyon. Heute bildet der Fluss tief unten einen reizvollen Kontrast zum Fels – je nach Tageslicht und Jahreszeit changieren die Farben von grün-orange über grün-blassrosa bis zu grau-blau-rotbraun. Beliebtestes Ausflugsziel ist die »Hufeisenbiegung« Horseshoe Bend südlich des Ortes Page. Hier macht der Fluss eine 180-Grad-Wende – hätte er die Felsmauer zwischen den Enden des »Hufeisens« noch etwas dünner genagt, wäre dort eine Steinbrücke entstanden. Doch so liefert die Biegung den malerischen Anblick: Am Ufer zieht sich ein feiner Hauch von Grün die Felswände empor. Pflanzen gedeihen, weil selbst im heißen Sommer ganz unten noch ein Streifen Schatten liegt. Und Ausflugsschiffe zeichnen weiße Kielwasserstreifen in den Fluss.

# VERMILION CLIFFS NATIONAL MONUMENT

Zinnoberrot ist die vorherrschende Farbe dieses National Monuments ganz im Norden Arizonas: Zinnober wie das rotbraune Mineral, das auf Englisch »Vermilion« heißt. Im hiesigen Gestein zeigt es besonders feine Linien, die ein urzeitliches Meer in ständig wechselnden Sedimentschichten erschuf. Sandstein, Kalkstein, Schluffstein und Schiefer wurden erst beim Auffalten verwirbelt und dann von Wind und Wetter verschieden stark abgetragen.

Das Klima ist heiß und trocken, nur tief im Canyon wachsen Gras und Büsche. Vögel allerdings fühlen sich wohl, viele Greifvögel bis hin zum Kondor sind zu sehen. Rund ums Hochplateau leben auch Gabelböcke, Pumas und Kojoten. Menschliche Spuren finden sich vor allem als jahrtausendealte Felszeichnungen. Hier ist Einsamkeit Trumpf: Den Flusscanyon dürfen täglich nur 20 Besucher betreten.

# DINOSAUR NATIONAL MONUMENT

Diese Ausgrabungsstätte birgt die reichsten Saurierfunde der Welt: Im Dinosaur National Monument entdeckte der Paläontologe Earl Douglass vor gut hundert Jahren große Fossilien, die sich als versteinerte Knochen von Großechsen entpuppten. Seit 1915 ist die Fundstelle als nationales Monument geschützt. Besucher fahren mit einem kostenlosen Shuttle Service zum Besucherzentrum, das genau über einer Felsplatte mit Tausenden Saurierknochen aus der Jura-Zeit steht. Eine Ausstellung zeigt obendrein rekonstruierte Skelette. Umfasste das Nationalmonument bis 1938 nur die kleine Fundstelle selbst, war die Erweiterung des Schutzgebietes um die Schluchten von Green und Yampa River auf mehr als 800 Quadratkilometer umso gewaltiger. Beide Flüsse haben sich Hunderte Meter tief in die Landschaft gegraben und dabei mächtige Sedimentschichten freigelegt.

# DENVER

Die Haupstadt von Colorado liegt genau eine Meile hoch: Auf der 15. Stufe des Kapitols steht man exakt 1609 Meter über dem Meeresspiegel. Die Kuppel des Gebäudes ist mit einer 24-karätigen Goldschicht überzogen. Außerdem rühmt sich Denver einer vorbildlich gestalteten Innenstadt mit zahlreichen Parks und einer Fußgängerzone nach europäischem Muster. Im Civic Center Park erinnern überlebensgroße Statuen an die Pionierzeit. Am historischen Larimer Square wurden viktorianische Häuser aus der Zeit des Wilden Westens liebevoll restauriert. Inzwischen sind verschiedene Restaurants, Boutiquen, Bistros und Cafébars in die ehemaligen Gemischtwarenläden und Saloons eingezogen. Zu der Vielzahl von interessanten Museen gehören das Museum of Western Art, das American Cowboy Museum und das Denver Art Museum mit indianischer Kunst.

# ROCKY MOUNTAIN NATIONAL PARK

Die Bergwildnis jenseits der kontinentalen Wasserscheide im nördlichen Colorado wurde im Jahre 1915 zum Rocky-Mountain-Nationalpark erklärt und gilt als einer der schönsten und aufregendsten Parks im US-amerikanischen Westen. Ein Drittel des Nationalparks liegt oberhalb der Baumgrenze. In der 3000 Meter hohen Bergwildnis wachsen Engelmann-Fichten und bunte Wildblumen. In der Tundra sonnen sich Murmeltiere zwischen verwachsenen Fichten und Moosen. Sogar mit dem Auto kann man über die (allerdings nur im Sommer geöffnete) Trail Ridge Road zwischen Estes Park und Grand Lake 3660 Meter hoch fahren. Besonders reizvoll ist der Park im Herbst, wenn die Espen goldgelb verfärbt sind und die Wapiti-Hirsche zur Überwinterung ins Tal ziehen. Der Sommer ist aufgrund des Klimas in diesen Höhenlagen relativ kurz.

# WHITE RIVER NATIONAL FOREST

Der Weiße Fluss fließt mitten durch den Staatswald, bevor er in den Green River mündet. Die meiste Zeit des Jahres zahm und mit kleinen Booten befahrbar, kann er im Frühling zur Schneeschmelze durchaus reißend werden. Denn im über 9000 Quadratkilometer großen White River National Forest liegen zahlreiche beliebte Skigebiete, die bekanntesten darunter sind Aspen – auch die reichste Stadt der USA – und Vail. Doch auch im Sommer zieht es viele in die waldige Region, besonders aus dem rund drei Stunden entfernten Denver. Wanderer und Kletterer, Paddler oder einfach nur Erholungsuchende kommen in die weitgehend wild belassene Natur, genießen Bäume, Bäche, Seen und die passende Flora und Fauna. Auf vielen Hundert Kilometern begegnet einem auch mal ein Hirsch oder Bär. Wer sich langsam annähern will, befährt die kurvigen Panoramastraßen.

# GUNNISON NATIONAL FOREST

Espen rauschen im Wind, ein Fluss schlängelt sich tief unten durchs Tal, weiße Birkenstämme leuchten in der Sonne. Meilenweit durchbricht kein Ort, keine Siedlung das Grün der Bäume im Gunnison National Forest. Doch immer wieder ragen schroffe Berggipfel heraus – die berühmtesten darunter die Maroon Bells. Ausgezeichnete Skigebiete und Hunderte Kilometer Wanderwege locken Naturliebhaber und Wintersportler gleichermaßen. Viele Kletterer versuchen sich an den Gipfeln, die als sehr schwierig gelten. Benannt ist der Forst nach John William Gunnison, einem Offizier und Forschungsreisenden. Der erkundete Mitte des 19. Jahrhunderts das Land; 1853 kam er auf einer Expedition nach einem Indianerangriff ums Leben. Der Gunnison-Nationalforst erstreckt sich über knapp 7000 Quadratkilometer und ist Teil eines noch viel größeren Waldgebietes in Colorado.

# BLACK CANYON OF THE GUNNISON NATIONAL PARK

Jedes Jahrhundert gräbt er sich einige Zentimeter weiter hinein: Der graugrüne Gunnison River schießt mit hohem Tempo durch seinen tiefen Canyon, sein Tosen ist weithin zu hören. Weichen Sandstein wie in anderen Parks hat er schon vor langer Zeit beseitigt. Dieser Fluss arbeitet sich auf 77 Kilometern fast lotrecht in harten, dunklen, zwei Millionen Jahre alten Gneis hinein. Nur ein Viertel der Strecke liegt im Nationalpark, allerdings der dramatischste und tiefste Abschnitt der Schlucht. Einst sollte auch die Eisenbahnstrecke Denver–Salt Lake City durch einen Teil des Canyons führen. Heute ziehen nur Wanderer umher, vor allem am südlichen Eingang, manch ein Kojote oder Maultierhirsch und zahllose Vögel. Das Besondere am Black Canyon ist die dunkle, fast schwarze Farbe seiner Wände, durchzogen von dünnen weißen Adern.

# MOUNT SNEFFELS WILDERNESS

»Amerikas Schweiz« nennt sich die Region gerne: Im Südwesten Colorados ragt der Mount Sneffels mit 4310 Metern aus seiner Bergkette heraus. Das spektakulär schöne Panorama scharfer Bergkämme und schroffer Gipfel rund um den Viertausender war schon in den 1920er-Jahren eine beliebte Herausforderung unter Bergsteigern. Noch heute erfordern die schwierigen Strecken mit viel Geröll eine gute Ausrüstung. Seinen Namen hat der Berg vermutlich von isländischen Einwanderern im nahen Utah bekommen. »Sneffels« gilt als Verballhornung des nordischen Wortes »Snæfell«, Schneeberg, wie solch weiße Gipfel in Island gern genannt werden. Tatsächlich siedelten sich die ersten Isländer der USA im nur sechs Stunden entfernten Ort Spanish Fork an, in direkter Blickrichtung, nachdem die frischgebackenen Mormonen ihr Land verlassen hatten.

# GREAT SAND DUNES NATIONAL PARK

Als sich der Rio Grande vor Jahrtausenden langsam durch sein rotes Sandsteintal grub, blieb der Abtrag am Ufer der vielen Flusswindungen liegen. Starke Westwinde trugen den Sand bis in den nordöstlichen Teil des San Luis Valley, einem etwa bis zu 60 Kilometer breiten Becken zwischen der Sangre de Cristo Range und dem San-Juan-Gebirge. Das Ergebnis sind die bis zu 440 000 Jahre alten Großen Sanddünen, rund vier Stunden südlich von Denver gelegen. Und der Vorgang hält an: An stürmischen Tagen kann es zwischen den Zähnen knirschen. Die Dünen selbst haben einen feuchten, Wasser speichernden Kern, nur die oberste Schicht ist beweglich. Zur Freude vieler Besucher, die die wandernden Dünenkämme lieben oder beim Herunterrutschen den Sand zum Singen bringen. Teilweise türmen sich die roten Riesendünen bis zu 230 Meter hoch auf.

# MESA VERDE NATIONAL PARK

Die Felsenhäuser von Mesa Verde liegen auf einem 2500 Meter hohen Tafelberg im südwestlichen Colorado. Sie erinnern an die Blütezeit der prähistorischen Indianer, die von den Navajos »Anasazi« (»die Alten«) genannt wurden und zwischen 600 und 1400 n. Chr. auf dem Colorado-Plateau siedelten. Die ältesten, am besten erhaltenen Felsenhäuser liegen in Mesa Verde und wurden im Jahre 1906 unter Denkmalschutz gestellt. Sie gehören zum Weltkulturerbe der UNESCO. Das Spruce Tree House, eines der größten Felsenhäuser, hat sagenhafte 106 Zimmer und acht Zeremonienräume; der sensationelle Cliff Palace der Anasazi-Indianer verfügt über 200 Räume. Entlang des Ruins Road Drive sind das Square Tower House im Navajo Canyon und der monumentale Sun Temple zu besichtigen. Gegen Ende des 13. Jahrhunderts wurden die Felsenhäuser verlassen.

# SOUTHWESTERN STATES

Der »Wilde Südwesten« der USA wartet mit reicher Geschichte, romantischen Legenden und vor allem mit einer Menge Gegensätze auf: hier rotsandige, staubtrockene Wüste, dort klimatisierte Millionenstädte, hier die alte, naturverbundene Indianerkultur und historische katholische Missionen, dort Öl-Multis, IT-Firmen und das Weltraumzentrum in Texas. Als Sehnsuchtsziel vieler Siedler und als klassische Filmkulisse ist dieser Teil der USA weltweit ein Begriff. Die Parole »Go West!« verheißt damals wie heute den Aufbruch in Abenteuer und Freiheit – nicht nur auf der Leinwand.

# MONUMENT VALLEY

Das schönste Tal der Erde, das achte Weltwunder, eine Zauberwelt aus rotem Fels – das Monument Valley an der Grenze zwischen Utah und Arizona symbolisiert den US-amerikanischen Südwesten vielleicht am besten. Durch die zahlreichen Filme, die hier gedreht wurden, wurde es beinahe zu einer mythischen Landschaft. Die Felskolosse und steinernen Nadeln ragen als eindrucksvolle Monumente in den Himmel, ihre Größe wirkt erdrückend und verzaubernd zugleich. Sie tragen fantasievolle Namen wie »linker und rechter Handschuh«; eine Felsnadel heißt »Totempfahl«. Drei nebeneinanderstehende Felssäulen, die ursprünglich »Three Sisters« genannt wurden, bekamen den Namen »Big W« für John Wayne, weil sie gegen den Himmel betrachtet wie ein großes W aussehen. Die Kulisse dient oft als Hintergrund für Werbekampagnen.

# CANYON DE CHELLY NATIONAL MONUMENT

Vierzig Kilometer erstreckt sich der Canyon de Chelly in der Navajo Reservation im Nordosten Arizonas. Der indianische Name bedeutet »Felsenschlucht«. Über 300 Meter ragen die Felswände aus der Schlucht empor. Wind und Wetter haben den Stein geglättet und gaben der Szenerie ihr charakteristisches Aussehen, das sich deutlich von anderen Canyons unterscheidet. Hier befinden sich grüne Oasen, die vor vielen Tausend Jahren schon die Vorfahren der Navajo-Indianer angelockt haben. Am Eingang erhebt sich der rund 240 Meter hohe Spider Rock. Ein kaum sichtbarer Trail führt an dem schmalen Rio de Chelly entlang zum – um das Jahr 1050 angelegten, 1849 entdeckten – White House, dem bekanntesten von mehr als 100 »Cliff Dwellings« der prähistorischen Anasazi. Die gut erhaltenen Ruinen der Felswohnungen gehen bis auf 1300 v. Chr. zurück.

# GRAND CANYON NATIONAL PARK

Die Wanderung über den Bright Angel Trail nach Indian Gardens und weiter zum Ufer des Colorado River gleicht einer Zeitreise in prähistorische Schichten unserer Erde. Für die Wanderung zum Fluss und zurück sollte man mindestens zwei Tage einplanen. Der Schiefer am Boden der Schlucht ist fast zwei Milliarden Jahre alt. In der schattigen Oase Indian Gardens kann der Wanderer seine Feldflasche im Fluss nachfüllen. Vom Canyonrand bis dorthin sind es sieben, von dort bis zum Fluss acht Kilometer. Nur zehn Kilometer misst der wesentlich steilere South Kaibab Trail von Yaki Point bis zum Fluss. Es ist ratsam, den Abstieg über den South Kaibab Trail und den Aufstieg ausschließlich über den Bright Angel Trail zu machen, da nur dort Trinkwasser verfügbar ist. Möglich sind auch Wanderritte durch die Schluchten auf Pferden oder Maultieren.

# MARBLE CANYON

Von den meisten Besuchern des Grand Canyon wird der wesentlich kleinere Marble Canyon übersehen – dabei gehört die Fahrt über die stählerne Navajo Bridge zu den Highlights im Südwesten. Ausgangspunkt für die Fahrt ist Lee's Ferry; das flache Flussufer, an dem die River-Rafting-Tours durch den Grand Canyon beginnen. Benannt ist die Stelle nach dem Mormonen John D. Lee, der im 19. Jahrhundert eine Fähre über den Colorado River betrieb. Im Jahr 1857 wurde er wegen seiner Teilnahme am Mountain Meadows Massacre (1857), bei dem Mormonen und Indianer unschuldige Siedler töteten, zum Tode verurteilt. Der Highway 89A führt weiter über die Navajo Bridge und gestattet einen dramatischen Ausblick auf den Marble Canyon. Noch besser erlebt man die von steilen Felswänden begrenzte Schlucht auf einer Wildwasserfahrt zum nahen Grand Canyon.

# ANTELOPE CANYON

Von oben wirkt dieser Canyon unspektakulär, ein langer, schmaler Spalt in roter Felslandschaft. Doch wer sich hineinwagt, dem eröffnet die Tiefe einen faszinierenden Canyon mit tiefen Schluchten, über Jahrtausende von rauschendem Wasser eingeschnitten. Seine Lage nahe Lake Powell macht ihn zum beliebten Ziel für Touristen und Fotografen, seit 1997 ist er Teil des selbstverwalteten Tribal Park der hiesigen Navajo. Der Upper Antelope Canyon – »der Spalt« – ist am einen Ende zu ebener Erde begehbar, die Tiefen des Lower Canyon – »des Korkenziehers« – hingegen erreicht man über steile Leitern. Doch ist der Zutritt ins Naturspektakel nur bei stabil gutem Wetter erlaubt: So kurz die Regenfälle der Region auch sein mögen, unten im Canyon fließen plötzlich enorme Wassermengen. Solche Sturzfluten wurden Besuchern früher zum Verhängnis.

# HUALAPAI RESERVATION

Seit Jahrhunderten ringt der Hualapai-Stamm dem kargen und wasserarmen Grand Canyon Nahrung ab. Ursprünglich lebten die Menschen – auch als Walapai, »Volk des hohen Pinienbaums«, bezeichnet – als Nomaden in Zelten und einfachen Lehmhütten. Sie ernährten sich von Früchten, Beeren und gejagtem Wild. Ihre Beziehung zu den Weißen war lange friedlich, bis die Neusiedler 1865 einen der Häuptlinge ermordeten. In der Folge überfielen die Ureinwohner oft Reisende. Heute hat sich der ursprüngliche Lebensraum der Hualapai deutlich verkleinert: Wanderten sie einst in kleinen Gruppen von den Black Mountains bis zu den San Francisco Peaks, leben die verbliebenen 1350 Stammesangehörigen nun in einem Reservat. Dies besteht aus nur einem Fünftel des ursprünglichen Territoriums und konzentriert sich auf zwei Siedlungen, Grand Canyon West und Peach Springs.

# MONTEZUMA CASTLE, WUPATKI NATIONAL MONUMENT

Südlich von Flagstaff liegt das Montezuma Castle, eines der am besten erhaltenen Cliff Dwellings des US-amerikanischen Südwestens. Die frühen Entdecker hielten es für ein Bauwerk der Azteken und benannten es nach dem legendären Herrscher der mexikanischen Hochkultur. Tatsächlich stammt diese – ganz in die Nische einer 30 Meter hohen Standsteinwand eingepasste – Behausung über dem Tal des Beaver Creek von den prähistorischen Sinagua, die bereits vor zweitausend Jahren in Arizona siedelten. Das fünfstöckige Bauwerk hat über zwanzig Räume und entstand um 1150 n. Chr. Um das Jahr 1400 erlebten die Sinagua ihre Blütezeit, um 1500 verschwanden sie aus ungeklärten Gründen aus dem Verde Valley. Zur selben Kultur gehörten die Bewohner der etwa zweitausend Wohnungen von Wupatki nördlich von Flagstaff. Hier lebten Sinagua und Anasazi.

# SLIDE ROCK STATE PARK

Mitten durch den Park führt der schmale Oak Creek Canyon: Der Slide Rock, eine kurze Strecke glatt polierten, rutschigen Felsbodens im Canyon, gibt dem Park seinen Namen. Wie auf einer Wasserrutsche schlitterten Besucher schon vor hundert Jahren jauchzend die leichte Neigung hinunter. Obwohl das kristallklare Wasser eisig sein kann, ist das Rutschen so beliebt, dass es manchmal zugeht wie im Freibad. Mehr Ruhe bieten die Wanderpfade entlang des Canyons, wo sich auch Rehe und Hirsche, Kojoten und gelegentlich ein Schwarzbär tummeln. Der kleine Park beherbergte ursprünglich eine große Apfelplantage und entwickelte sich – auch dank zahlreicher Hollywoodfilme, die hier gedreht wurden – zu einem beliebten Ausflugsziel. Dazu trägt auch der pittoreske Cathedral Rock bei, der etwas außerhalb hoch über dem Park in allen Rottönen leuchtet.

# PAINTED DESERT UND PETRIFIED FOREST NATIONAL PARK

Der Petrified Forest liegt inmitten der farbenprächtigen Painted Desert im Nordosten von Arizona. Vor rund 200 Millionen Jahren breitete sich hier ein weitläufiges Sumpfgebiet aus, in dem Bäume, Farne und Moose gediehen. Heute fällt in der Painted Desert kaum Niederschlag. Der Park nimmt ein 380 Quadratkilometer großes Wüstengras- und baumloses Ödland ein. Beim Austrocknen der Sümpfe wurden die umgestürzten Stämme der riesigen Nadelbäume vom Schlamm begraben und durch einen chemischen Prozess in Quarz verwandelt. Sie behielten ihre leuchtenden Farben und zeigen Abdrücke von prähistorischen Fischen, Muscheln und Schnecken. Seit 1906 steht das Gebiet unter Naturschutz. Das Mitnehmen auch noch so kleiner Stücke ist bei hoher Strafe strikt verboten. Eine Autostraße quer durch den Park verbindet die Highways 66 und 180.

# PHOENIX

Statistisch strahlt hier an 312 Tagen im Jahr die Sonne: Im Herzen Arizonas liegt dessen Hauptstadt Phoenix im Tal der Sonne – und so ist »Valley of the Sun« auch der Spitzname der sechstgrößten Stadt der Vereinigten Staaten. Von Mitte Mai bis September schwitzen die 1,4 Millionen Bewohner bei Tagestemperaturen von mehr als 38 Grad Celsius – zumindest jene, die nicht in klimatisierten Gebäuden leben und arbeiten. In dieser Zeit fällt auch der wenige Regen, der den Anbau von Baumwolle und Zitrusfrüchten ermöglicht. Schnee sieht man fast nie, dafür ist es selbst im Winter noch zu warm. Das milde Klima zieht dann viele Golfer aus dem eisigen Norden der USA nach Phoenix. Besonders sehenswert sind der Botanische Garten für Wüstenpflanzen und das Heart Museum: Es zeigt facettenreiche indianische Kunst und lädt jeden Winter zum »Native American Art Festival«.

# SONORAN DESERT

Sand, Kakteen und flitzende »Roadrunner«: die Sonora-Wüste vereint alle Klischees einer Bilderbuch-Wüste. Und zugleich hat sie andere Seiten, sie bedeckt unterschiedlichste Regionen: Von Höhenzügen im Osten fällt sie flach ab zur Küste der Baja California. Dazwischen finden sich Salzseen, Grasland und wogende Dünen und bilden die wohl artenreichste Wüste der Welt. Und unbestritten ist die Sonora die größte und heißeste ganz Nordamerikas. Ihre rund 320 000 Quadratkilometer liegen halb in den USA – in Kalifornien und Arizona – und halb in Mexiko. Mitten drin sitzen Städte wie Phoenix, Tucson oder Palm Springs. Andere Teile sind als Naturparks geschützt und beherbergen die seltenen Orgelpfeifen- und die Saguaro-Kakteen. Daneben gedeihen rund hundert Reptil-, 60 Säugetier- und um die 350 Vogelarten – wie der Wegekuckuck, hier Roadrunner genannt.

# ORGAN PIPE CACTUS NATIONAL MONUMENT

Der Name ist Programm: Wie die Orgelpfeifen stehen Organ-Pipe-Kakteen. Sie sind in den USA nur in und um diesen Park an der Grenze zu Mexiko zu finden. Gemeinsam mit zahlreichen anderen Kakteenarten, auch dem mächtigen Kandelaber-Kaktus, und niedrigen Trockenbüschen bieten sie Vögeln, Schlangen und Echsen ausreichend Schatten und Wohnstätte in der heißen Wüste. Mit weniger als 20 Zentimeter Regen im Jahr ist dies einer der rauesten Lebensräume Nordamerikas. Dennoch überziehen jedes Frühjahr wieder zarte Blütenteppiche die trockene, sandige Yuma-Wüste – dieses Zusammenspiel macht die Region zum UNESCO-Biosphärenreservat. Menschen wie Tiere fühlen sich am wohlsten, wenn die Hitze des Tages nachlässt. Und wer auf einem der Zeltplätze übernachtet, entdeckt bald einen der intensivsten Sternenhimmel des Kontinents.

# SAGUARO NATIONAL PARK

Das zweigeteilte Naturschutzgebiet – 1994 zum Nationalpark erklärt – liegt im Süden von Arizona in den Tucson Mountains. Innerhalb der Parkgrenzen findet man eine besonders dichte und schöne Ansammlung von Saguaro-Kakteen. Diese mächtigen Pflanzen werden oft bis zu 15 Meter hoch. Das Gewicht eines ausgewachsenen Saguaros kann bis zu 15 Tonnen erreichen. Jede der kleinen Blüten (Blütezeit ist im Mai) blüht nur einen einzigen Tag lang. Bestäubt werden sie von Fledermäusen. Das getrocknete Fruchtfleisch ist sehr schmackhaft und wird von den Papago-Indianern als Delikatesse geschätzt. Die Straße Cactus Forest Drive windet sich 18 Meilen weit in den Kakteenwald hinein, der Wanderweg Tanque Verde Ridge Trail führt zum Gipfel des Mica Mountain, (2641 Meter), dem höchsten Gipfel in den Bergen der Rincon Mountains.

# TUCSON & MISSION SAN XAVIER DEL BAC

Tucson bedeutet »am Fuß des schwarzen Berges« in der Sprache des Tohono-O'Odham-Stammes, und liegt tatsächlich von fünf hohen Bergketten umgeben. Schon vor 14 000 Jahren siedelten Menschen auf dieser Hochebene in Arizona: Archäologen fanden in der Nähe des heutigen Stadtzentrums Dorfreste und ein altes landwirtschaftliches Bewässerungssystem. Tucson hat gut 500 000 Einwohner und erstreckt sich entlang des Santa Cruz River, der allerdings außerhalb der Regenzeit kein Wasser führt. Die alte spanische Mission San Xavier del Bac liegt südlich der Stadt: Indianer errichteten die Kirche, auch »Weiße Taube der Wüste« genannt, Ende des 18. Jahrhunderts. Ihre sehenswerten Wandmalereien ziehen Gläubige wie Touristen gleichermaßen an. Beim Restaurieren der Malereien in den 1980er-Jahren arbeiteten auch indianische Künstler mit.

# GEISTERSTÄDTE

Wenige Ghost Towns (Geisterstädte) sehen so aus wie in Westernfilmen – unheimliche Siedlungen mit klappernden Türen und Unkraut, das vom böigen Wind über die verlassene Main Street getrieben wird. Häufiger sind baufällige Gemäuer, die man kaum noch als Überreste einer Stadt ausmachen kann und die nur in historischen Reiseführern verzeichnet wurden. Kommerziell geführte Geisterstädte, die während der Hochsaison sehr lebendig wirken und von ihrer glorreichen Vergangenheit leben, findet man vor allem in Arizona und New Mexico, auch in Kalifornien und Nevada. Jerome etwa liegt zwischen Flagstaff und Prescott und entstand während eines Goldrauschs. Inmitten der Ruinen blüht ein reger Souvenirhandel. Im Jerome State Park lernt man das Leben der Goldsucher kennen, und im Little Daisy Hotel fühlt man sich in die Zeit des Wilden Westens zurückversetzt. In Goldfield bei Apache Junction blieben vier Minenschächte erhalten.

# SANTA FE

Santa Fe, die Hauptstadt von New Mexico und zweitälteste Stadt der USA (nach St. Augustine in Florida), hat sich ihren spanischen Charakter bewahrt. Mittelpunkt dieses Mekkas für Künstler ist die von Adobehäusern umgebene Plaza mit zahlreichen Galerien und Workshops. Unter den Vorbaudächern breiten Pueblo-Indianer ihre Decken aus und verkaufen Türkisschmuck. Den historischen Atem von Santa Fe spürt man im Palast des spanischen Gouverneurs, dem ältesten öffentlichen Gebäude der USA. Zu den interessantesten Kirchen gehört gleich gegenüber die San Miguel Chapel, die älteste Kirche der USA. Eifersüchtig achten die Stadtväter auf den ursprünglichen Charme ihrer Stadt: In Santa Fe sind weder Hochhäuser noch gesichtslose Bürogebäude erlaubt, spanischer Charme und indianische Kultur gingen hier eine farbenprächtige Ehe ein.

# CHIMAYO

Das Örtchen Chimayo liegt in New Mexico nördlich von Santa Fe. Am Fuße der Sangre de Cristo-Berge entwickelten sich die spanischen Siedler Ende des 17. Jahrhunderts zu Experten auf dem Gebiet der Viehzucht und des Obstanbaus. Legendär sind ihre handgewebten Stoffe und Teppiche. Zudem ist der Ort für seine lateinamerikanischen und indianischen Gemälde, Skulpturen und Keramiken bekannt. In Chimayo sollen sich wundersame Heilungen ereignet haben, 1816 wurde die Kapelle »Santuario de Nuestro Señor de Esquipulas« errichtet. Als wichtigster katholischer Pilgerort der USA zieht sie jedes Jahr Hunderttausende Gläubige an. Für andere ist Chimayo der Ausgangspunkt für die abenteuerliche Fahrt nach Taos: Es geht entlang des Rio Grande und auf einer wild-romantische Hochstraße durch dichte Kiefer- und Pappelwälder der Berge.

# TAOS PUEBLO

Diese Lehmziegelbauten bilden die wohl älteste bewohnte Siedlung der Vereinigten Staaten: Das Taos Pueblo in New Mexico zählt in seinen ältesten Teilen mehr als tausend Jahre. Erbaut aus handgefertigten Ziegeln, bestehen die Gebäude meist aus mehreren Stockwerken, von denen die oberen in der Regel nur über einfache Leitern erreichbar sind. Im Hauptgebäude des Pueblo wohnen rund 150 Taos-Indianer, insgesamt zählt die Region 1300 Bewohner, die bis heute weitgehend traditionell von der Landwirtschaft leben. Darüber hinaus sind der Tourismus und der Verkauf von Kunst und Kunsthandwerk wichtige Einnahmequellen. Der weitaus größte Teil der Indianer bekennt sich heute zum katholischen Glauben, doch gleichzeitig werden hier auch noch immer die Riten der vorchristlichen Religion praktiziert – ohne Zuschauer. Seit 1992 zählt das Taos Pueblo zum Weltkulturerbe.

# ANASAZI-KULTUR

Indianische Völker schufen einige der außergewöhnlichsten Bauten in der Geschichte des amerikanischen Südwestens – die »Cliff Dwellings« der Anasazi gehören heute zum Weltkulturerbe. Für ihre ungewöhnlichen Klippenwohnungen nutzten sie das natürliche Relief am Berg, mauerten einfach die Öffnungen unter Felsvorsprüngen oder Höhlen zu. Funde in den rund 600 Felsenhäusern erzählen von ihrer Kultur, geflochtene Körbe und Tongefäße zeugen von großer Handwerkskunst. Das beeindruckendste Bauwerk ist der Cliff Palace, eine der größten Siedlungen, in einer breiten Felsnische des Tafelbergs Mesa Verde. Geschickt sind Sandsteinblöcke mit Mörtel aus Erde, Asche und Wasser verbunden und Holzbalken für Tür- und Deckenkonstruktionen eingesetzt. So entstand ein Bau mit 150 Räumen und 23 »Kivas«, den Zeremonienkreisen der Anasazi.

# ROUTE 66

Diese Straße ist eine amerikanische Legende: Die »Route 66« steht für Freiheit, Aufbruch und Abenteuer. Ab 1926 verband die kurvige Landstraße Chicago mit Santa Monica ganz im Westen der USA. Bis dahin waren die Siedler in ihren Planwagen und später Automobilen auf oft unbefestigten Wegen mitten durch die Prärie gerumpelt. Nun verband man die vorhandenen Teilstrecken. Erstmals gab es eine feste Straße durch Wüste und Rocky Mountains. Schließlich wand sich die Route 66 auf 3940 Kilometern quer durchs Land. Cyrus Stevens Avory gilt als Begründer der Fernstraße, die bereits 1938 komplett asphaltiert war. Den Aufbruch armer Landarbeiter, getreu dem Motto »Go West!« und getrieben von der Hoffnung auf ein besseres Leben, beschreibt John Steinbeck im Roman »Früchte des Zorns«. Der gleichnamige Film von 1940 begründete das Genre des Roadmovies und machte die Route 66 zur weltberühmten Legende.

# VERY LARGE ARRAY RADIO TELESCOPE

Wer möglichst genau in die Tiefen des Alls hineinhorchen will, braucht ein riesiges Ohr – oder viele kleine in geschickter Anordnung. Nach dem zweiten Prinzip arbeitet das Karl G. Jansky Very Large Array (JVLA): Seine 27 schüsselförmigen, verschiebbaren Radioteleskope bilden seit 1980 ein großes Ypsilon in der Ebene von San Agustin, rund zwei Autostunden südwestlich von Albuquerque. Wie in dem Roman und Film »Contact« von Carl Sagan beschrieben, horchen Astronomen mit ihrer Hilfe auf Funksignale im Radiofrequenzbereich – von pulsierenden Sternen oder auch von außerirdischer Intelligenz. Kombiniert man diese Teleskope mit ähnlichen auf Hawaii und den Jungferninseln, so bildet dieses Dreieck das weltgrößte astronomische Instrument der Welt. Besucher finden hier ein Museum und können sich auf einer Wanderung die Details und Anekdoten der Anlage erklären lassen.

# BOSQUE DEL APACHE NATIONAL WILDLIFE REFUGE

Als spanische Siedler die Ureinwohner an den bewaldeten Ufern kampieren sahen, nannten sie diese Region am Rio Grande »Wald der Apachen«. Schon damals nutzten unzählige Zugvögel die fruchtbaren Flussauen als Zwischenstation. Sümpfe und Grasland sowie einige Ackerflächen ergänzen das Futterangebot, sodass manche Vogelarten – Enten, Schneegänse oder auch Kanada-Kraniche – hier sogar überwintern. Wanderwege in trockenes oder feuchtes Gelände, Radstrecken und eine Ringstraße führen die Besucher zu Beobachtungstürmen oder auch mitten in das gefiederte Spektakel hinein. Im Sommer ist das rund 230 Quadratkilometer große Tierschutzgebiet hingegen eine ruhige Oase – Stachelschweine, Kojoten und Maultierhirsche bleiben weitgehend unter sich. Im Oktober feiern die Menschen dann die erneute Rückkehr der Vögel mit dem »Festival der Kraniche«.

# WHITE SANDS NATIONAL MONUMENT

Wie Schnee wirken die weißen Dünen am nördlichen Rand der Chihuahua-Wüste – im Schatten allerdings erhalten sie einen Hauch Blau und im Morgen- und Abendlicht wirken sie golden. Als sich die Rocky Mountains auffalteten, entstand hier das Tularosa Basin mit einem Meer, das langsam austrocknete. Dass dessen Sand aus fein zerriebenen Gipskristallen heute noch immer die Landschaft beherrscht, liegt am Trockenklima der Region – regelmäßiger Regen hätte ihn längst aufgelöst. Stattdessen formt er hohe Dünen, die so stabil sind, dass sich an ihren Rändern krautige Pflanzen angesiedelt haben. Tagsüber ist es derart heiß, dass Käfer und Echsen, Füchse, Nager und Vögel sich nur in der Dämmerung oder nachts zeigen. Größte Vertreter der Tierwelt sind Kojote und Gabelbock. Ihnen begegnet man vielleicht auf den Wanderwegen durchs 720 Quadratkilometer große Gelände.

# AUSTIN

Im Jahr 1835 als »Waterloo« gegründet, benannte man die Stadt bereits drei Jahre später nach dem Gründer der damals unabhängigen Republik Texas, Stephen F. Austin. Schon 1839 war Austin die Hauptstadt des Staates. Heute leben in der selbst ernannten »Welthauptstadt der Live-Musik« über 800 000 Menschen. Jeden Abend erklingt in den unzähligen Bars Country, Rock und Blues. Wegen der großen Dichte an Computerfirmen wie Apple, IBM oder Google in seiner hügeligen Landschaft heißt Austin im Volksmund auch »Silicon Hills«. Die Stadt gilt als dynamisch und hat eine der größten Wachstumsraten der USA. Beliebt ist das Freibad Barton Springs mit Wasser aus der natürlichen Quelle, berühmt der Start von rund 1,5 Millionen Fledermäusen im Sommer, die am Abend regelmäßig den Himmel verdunkeln – als größte städtische Fledermauspopulation der Welt.

# AMARILLO

»Is This the Way to Amarillo?«, fragte Tony Christie 1972 in seinem Überraschungshit – und machte die texanische Stadt damit über Nacht in ganz Europa weltbekannt. Amarillo liegt im Norden von Texas im sogenannten Panhandle und hat knapp 200 000 Einwohner. Gegründet wurde die Stadt im Jahr 1887 als kleines Eisenbahncamp, als quer durch Texas eine neue Bahnstrecke entstand. Schnell entwickelte sich Amarillo zu einem wichtigen Verladebahnhof für Rinder. Der Name bedeutet auf Spanisch »gelb«, und tatsächlich dominiert diese Farbe die sandige Landschaft um den Amarillo Lake und um den Amarillo Creek. Weit über die Grenzen der Stadt bekannt ist die Kunstinstallation »Cadillac Ranch« der Künstlergruppe »Ant Farm« aus San Francisco: An der legendären Route 66, die heute durch die Interstate 40 ersetzt ist, sind seit 1974 zehn bemalte Cadillacs eingegraben.

# PALO DURO CANYON STATE PARK

Der »Grand Canyon von Texas« ist der zweitgrößte Canyon in den Vereinigten Staaten: Fast 200 Kilometer lang und durchschnittlich 10, an manchen Stellen bis zu 37 Kilometer breit, zieht sich die Schlucht durch West-Texas. Seit 1976 ist das Gelände in der Nähe von Amarillo ein Naturdenkmal. Der Fluss Prairie Dog Town Fork, ein Teil des Red River, hat sich im Laufe der Zeit bis rund 240 Meter tief in den Untergrund gegraben und dabei die vielfarbig geringelten, vorwiegend rostroten Gesteinsschichten freigelegt. Auch der Wind hat dazu beigetragen und skurrile Formationen wie den Lighthouse Rock, den »Leuchtturm«, erschaffen. Weil zudem viele schützende Höhlen entstanden, ist der Canyon außergewöhnlich tierreich und bot damit den Apachen und Comanchen ein reichhaltiges Nahrungsangebot. Heute ist der Palo Duro Canyon ein viel besuchtes Ausflugsziel.

# GUADALUPE MOUNTAINS NATIONAL PARK

Wie ein monumentaler Wall zieht sich das Massiv der Guadalupe Mountains durch das trockene Land im Westen von Texas. Durchschnitten wird es von zahlreichen Schluchten und Tälern, in denen eine riesige Artenvielfalt in Flora und Fauna gedeiht. Ein weites Netz von Wanderwegen durchzieht den im Jahr 1972 gegründeten Nationalpark und führt auch zum Guadalupe Peak, mit 2667 Metern der höchste Berg von Texas. Entstanden sind die Berge aus einem prähistorischen Riff, das einmal unter der Wasseroberfläche eines riesigen Binnenmeers lag. Fossilien im Kalkstein erinnern an die ungewöhnlichen Lebewesen dieser Zeit. Indianer lebten bereits vor 12000 Jahren in den Guadalupe Mountains. Erst im späten 19. Jahrhundert vertrieb die Kavallerie die dort beheimateten Mescalero-Apachen. Sie ernährten sich größtenteils von Wildpflanzen und lebten vor allem von der Bisonjagd.

# BIG BEND NATIONAL PARK

Im Südwesten von Texas, an der Grenze zu Mexiko, beschreibt der Rio Grande einen großen Bogen (»Big Bend«) um den 1944 gegründeten Nationalpark, der zur Zeit des Wilden Westens ein Unterschlupf von Comanchen und Banditen war. Heute herrscht in den abgelegenen Schluchten andächtige Stille. Die unvergleichliche Schönheit der Santa Elena, Mariscal und Boquillas Canyons erlebt man nur auf einem langen, anstrengenden Ritt oder bei einem Schlauchboot-Trip ins Hinterland. Die zerklüfteten Chisos Mountains und trockene Wüsten bestimmen das Erscheinungsbild des Parks. Die Straße Santa Elena Drive windet sich an den schroffen Hängen der Burro Mesa entlang. Der Windows Trail führt zum Window – einer rund 145 Meter hohen Felsöffnung. An der westlichen Parkgrenze liegt Lajitas, eine Touristenstadt mit Golfplatz und Wellnessangebot.

# RIO GRANDE

Der »Große Fluss« ist mit knapp 3050 Kilometern der drittlängste der USA – und rund zwei Drittel seines Laufs markieren die Grenzlinie zwischen Texas und Mexiko. Die Quelle des Rio Grande liegt in Colorado in den südlichen Ausläufern der Rocky Mountains, seine Mündung im Golf von Mexiko. Eine der wildesten Teilstrecken ist die Rio Grande Gorge, in dieser Schlucht verliert das Wasser über nur 20 Kilometer rund 200 Meter an Höhe. Mit leichten Baumaßnahmen wäre der Fluss sogar bis nach El Paso im Norden schiffbar gewesen – ausgedehnte Flussbegradigungen aber erfolgten erst im 20. Jahrhundert. Dabei verlor der Rio Grande am Unterlauf unzählige Windungen und rund 110 Kilometer an Länge. Heute durchläuft er mehrere große Stauseen und bewässert große Agrarflächen – trotzdem hat sich in Mexiko bis heute der Name Río Bravo gehalten, »Wilder Fluss«.

# WESTERN MOVIES

»Spiel mir das Lied vom Tod«, »12 Uhr mittags« oder »Die glorreichen Sieben« – jeder dieser Westerntitel ruft sofort Bilder hervor. Immer geht es um die Eroberung des Westens der USA durch die neuen Siedler: Da preschen wackere Helden durch die staubtrockene Wüste, liefern sich im Saloon mit Banditen eine zünftige Schlägerei, um schließlich in einer großen Schießerei gegen die feindlichen Indianer zu gewinnen. Größen wie James Dean, John Wayne und Charles Bronson haben legendäre Western-Cowboys gespielt. Seine große Zeit hatte das Genre in den 1950er- und 1960er-Jahren des letzten Jahrhunderts: Damals glichen die Westernhelden noch den tapferen Rittern des Mittelalters, tief moralisch für das Gute und gegen die meist bösen, ja verschlagenen Indianer kämpfend. Mit der ersten Karl-May-Verfilmung, mit den Blutsbrüdern Winnetou und Old Shatterhand änderte sich das Bild – ein Nebeneinander der Kulturen schien möglich.

# DALLAS

Sie heißt auch »Big D« oder »D-Town« – Dallas, die drittgrößte texanische Stadt. Das Leben und die Wirtschaft in der 1,2-Millionen-Einwohner-Stadt bestimmen heute vor allem die Finanzdienstleistungs- und die Telekommunikationsbranche. Zuvor war der 1841 gegründete Ort mit guter Bahnanbindung ein wichtiger Standort der Öl- und Baumwollindustrie – 1930 hatte man östlich der Stadt Öl gefunden. Traurige Berühmtheit erlangte die Elm Street in der Innenstadt, als hier am 22. November 1963 Präsident John F. Kennedy während des Wahlkampfs erschossen wurde. Die heutige Wolkenkratzer-Silhouette verdankt Dallas dem Bauboom der 1970er- und 1980er-Jahre. Weltberühmt wurde die Stadt aber schlagartig mit dem globalen Erfolg der gleichnamigen Fernsehserie um die Familie Ewing und ihre Verstrickungen in Geld, Macht und Ölgeschäfte.

# FORT WORTH

Fort Worth gilt als »die« texanische Cowboy-Stadt mit authentisch altmodischer Atmosphäre. Zusammen mit dem 50 Kilometer entfernten Dallas bildet die 740 000-Einwohner-Stadt den Dallas-Fort-Worth-Metroplex mit sechs Millionen Bewohnern: Rinderzucht und Öl legten ihren Grundstein. Heute befeuern Cowboy-Shows den Wildwest-Spirit. Legendär sind auch die hochkarätigen Museen im »Cultural District«, die zu den bedeutendsten der Vereinigten Staaten gehören. Das Modern Art Museum zeigt 2600 Gemälde in einem schnörkellosen, rechteckigen Gebäude aus Glas und Beton – gestaltet vom japanischen Architekten Tadao Ando und finanziert von lokalen Öl-Multis. Im Kimbell Art Museum sehen die Besucher Kunst von der Antike bis zum 20. Jahrhundert, darunter Werke von Rembrandt und Picasso. Das Amon Carter Museum zeigt US-Kunst der letzten 200 Jahre.

# SAN ANTONIO

San Antonio gilt als die älteste Stadt in Texas. Sie gehörte vormals zu Spanien und Mexiko und war Schauplatz zahlreicher militärischer Auseinandersetzungen, bevor sie US-amerikanisch wurde. Bis heute prägt dieser kulturelle Hintergrund die gut 1,3 Millionen Einwohner zählende Metropole. Ihren Spitznamen »Alamo City« verdankt San Antonio der zum Fort ausgebauten, ehemaligen spanischen Mission Alamo. Das weiße Gebäude und vier weitere Missionen sind heute beliebte Ausflugsziele. Weltbekannt ist auch der River Walk: Die Ufer des San Antonio River sind auf fünf Kilometer Länge gesäumt von Läden, Cafés und Restaurants unter üppigen Palmen. Nervenkitzel verspricht San Antonios Freizeitpark »Six Flags Fiesta Texas« mit riesigen Achterbahnen aus Holz und Stahl. Einen weiten Rundumblick bietet der 228 Meter hohe Fernmeldeturm »Tower of the Americas«.

# THE ALAMO

Rund 2,5 Millionen Besucher lockt das frühere Fort Alamo jedes Jahr und ist damit eine der ganz großen Attraktionen in den USA. Man vermutet, dass der Name auf das spanische »álamo« für die Pappeln zurückgeht, die damals rund um das Gebäude standen. Die ehemalige Missionsstation war Schauplatz einer historisch bedeutenden Schlacht im texanischen Unabhängigkeitskrieg: Vom 23. Februar bis 6. März 1836 griffen mexikanische Soldaten die zahlenmäßig deutlich unterlegenen Texaner an. Diese verteidigten sich erbittert, aber fielen allesamt; daraufhin wurde die Schlacht von Alamo zum Mythos für den heroischen texanischen Freiheitskampf. John Wayne verfilmte die amerikanische Legende im Jahr 1960. Das heutige Museum in Fort Alamo zeigt die frühere Missionskirche und in einer Ausstellung historische Waffen, Kleidung und originale Schriftstücke.

# MISSION SAN JOSÉ

Obwohl schon 1720 gegründet, begannen die eigentlichen Arbeiten an der katholischen Missionsstation San José erst im Jahr 1768 mit dem Bau einer Kirche im spanischen Stil; erst 14 Jahre später war die mächtige »Königin der Missionen« fertiggestellt. Gleichzeitig errichtete man rundherum Schutzwälle gegen feindliche Apachen. Nach weiteren 50 Jahren und inzwischen säkularisiert, begann die Mission zu verfallen. Glockenturm und Dach brachen ein. Soldaten, später Banditen und auch Obdachlose richteten sich in den ehemaligen Räumen für bekehrte Indianer ein und entwendeten alle wertvollen Gegenstände aus Mission und Kirche. Erst im 20. Jahrhundert begannen Restaurierungsarbeiten und seit 1978 gehört die Station zum San Antonio National Historical Park. Heute zieht die Mission aus grauweißem Kalkstein viele geschichtsinteressierte Besucher an.

# HOUSTON

Riesige, glänzende Wolkenkratzer formen in Houstons Zentrum tiefe Häuserschluchten. Doch die himmelstrebende Silhouette der Stadt mit ihren mehr als zwei Millionen Einwohnern täuscht: Das Leben spielt sich hier in den schwül-heißen Sommermonaten vor allem unterirdisch ab. Ein zwölf Kilometer langes Tunnelsystem verbindet die Bürogebäude. Obwohl die Ölvorkommen in der Region inzwischen erschöpft sind, ist »Big H« bis heute das Zentrum der weltweiten Erdölindustrie. Vom Binnenhafen wird Zubehör für die Ölförderung in alle Welt verschifft. Benannt ist die 1836 gegründete Stadt nach Sam Houston, einem berühmten texanischen General aus der Schlacht von San Jacinto. Heute wächst keine Stadt in den USA so schnell wie Houston und keine ist ethnisch so vielfältig. Ihre Innenstadt heißt wegen der vielen Theater augenzwinkernd auch »Houston Theater District«.

# HOUSTON SPACE CENTER

Als offizielles Besucherzentrum des Lyndon B. Johnson Center, des NASA-Zentrums für bemannte Raumflüge, entführt das Houston Space Center seine Gäste ins All. In der Ausstellung sehen jährlich rund 700 000 Besucher echte Raumanzüge, Steuerungszentralen mit blinkenden Knöpfen und täuschend echte Artefakte von dunkelgrauem Mondgestein. Hier stehen verschiedene Raumkapseln und sogar ein Skylab in Originalgröße. In Nachbauten der Kommandozentralen von Apollo 17 oder Gemini 5 lässt sich das Leben als Raumfahrer hautnah erspüren. Vor dem Gebäude parkt ein Space Shuttle, das wohl bekannteste Raumfahrzeug aus den USA. Auf einem eigenen Spielplatz können schon die Kleinsten das Astronauten-Feeling austesten. Filme auf einer Großleinwand klären über das Leben im All und die Raumfahrt früher und heute auf.

# PACIFIC STATES

Von dichten Waldgebieten geprägt ist der Nordwesten der USA. Das Kaskadengebirge mit seinen Ausläufern charakterisiert die Landschaft. Zum einen fungiert es als Wetterbarriere und sorgt für reiche Niederschläge. Die Wälder sind heute Holzschatzkammer des Landes. Zum anderen sind die Gipfel ausnehmend fotogen. Die alten Vulkane der Kaskadenkette gehören zum Pazifischen Feuerring und sind nicht erloschen. Sie gelten als schlafend und überraschen manchmal mit Eruptionen. Mit türkisblauen Seen, grünen Wäldern und vielen Wasserfälle machen sie die Gegend einzigartig.

# SEATTLE

Die größte Stadt des Bundesstaates Washington liegt auf einer hügeligen Landenge zwischen dem Puget Sound und dem Lake Washington, überragt vom schneebedeckten Mount Rainier, dem mit 4392 Metern höchsten Gipfel der Cascade Range. Mit den Konzernriesen Boeing und Microsoft gehört Seattle, das auch den größten Fischereihafen der USA hat, zu den bedeutendsten Wirtschaftszentren des Landes. Die Stadt ging aus einem Handelsposten von Holzfällern und Fischern hervor, verzaubert mit ihrer atemberaubenden Skyline und wird wegen ihrer vielen Grünflächen auch »Emerald City« genannt, die »smaragdfarbene Stadt«. Aus dem Häusermeer erhebt sich die 184 Meter hohe Space Needle, ein Überbleibsel der Weltausstellung von 1962. Mitten in der Stadt erinnert der Pioneer Square an die wilde Zeit des Goldrausches.

# OLYMPIC NATIONAL PARK

Der Olympic-Nationalpark, Weltnaturerbe der UNESCO, vereint eine alpine Gebirgslandschaft mit schroffen Berggipfeln, Seen und Wasserfällen, eine wildromantische Küste mit felsigen Ufern und weiten Sandstränden sowie einen dichten Regenwald, wie es ihn nirgendwo sonst in den Vereinigten Staaten gibt. »Von den Bergen zur Küste« heißt das Motto des Naturschutzgebiets, das bereits seit 1909 besteht. Der Hoh Rainforest ist der größte temperierte Regenwald der westlichen Hemisphäre. Heftige Regenfälle halfen einer grandiosen Natur, sich zu entfalten. Westlich von Port Angeles liegt der fischreiche Lake Crescent. Eine Straße führt zu heißen Quellen, den Sol Duc Hot Springs. Von Port Angeles fährt man eine Panoramastraße zum Hurricane Ridge hinauf, einem rund 2000 Meter hohen Plateau. Im Winter eignet sich das Gebiet auch zum Schneeschuhwandern.

# NORTH CASCADES NATIONAL PARK

Der im Jahre 1968 gegründete North-Cascades-Nationalpark, auch als »Amerikanische Alpen« bekannt, versammelt die höchsten Gipfel der Cascade Range. Steile Pfade für geübte Wanderer führen in die wildreiche Berglandschaft. Auf der westlichen Seite der Berge ist es sehr feucht; dort kommt es häufig zu heftigen Niederschlägen. Die ungestüme Natur zieht vor allem Abenteurer an. Den Ross Lake inmitten grandioser Gletscher erreicht man über einen fünf Kilometer langen Weg; auf dem See machen steile Felswände und starke Böen Paddlern das Leben schwer. Von Diablo führt ein malerischer Wanderweg zum Sourdough Mountain. Durch eine herrliche Wildnis geht es nach Thunder Creek und Lake Chelan. Diesen See erreicht man auch über eine Bergstraße entlang sattgrüner Wiesen mit Blick auf die Gletscher. Uralte Zedern und riesige Tannen säumen den Weg.

# MOUNT BAKER & SNOQUALMIE NATIONAL FOREST

Gleichmäßig wie eine Pyramide ragt der Gipfel des Mount Baker in die nordamerikanische Landschaft. Weil der Berg fast immer mit Schnee bedeckt ist, nannten ihn die Ureinwohner einst »Koma Kulshan« – weißer, steiler Berg. Gemeinsam mit dem benachbarten Areal Snoqualmie bildet er ein Schutzgebiet, das sich über mehr als 240 Kilometer Länge erstreckt. Es reicht von der kanadischen Grenze bis zum Mount Rainier. Beliebt ist der Park nicht nur zum Wandern, er hat sich auch als abwechslungsreiches Wintersportgebiet einen Namen gemacht. Die Zeit von November bis Mitte Mai gilt als schneesicher. Zudem ist der Mount Baker der Berg mit dem weltweit meisten Schneefall: Mit fast 29 Metern Schneehöhe im Jahr 1999 steht er sogar im Guinnessbuch. Mount Baker gilt als schlafender Vulkan, stößt aber manchmal kleine Rauchwolken aus – zuletzt in den 1970er-Jahren.

# MOUNT RAINIER NATIONAL PARK

Von dichten Fichtenwäldern und alpinen Bergwiesen umgeben, ragt der mächtige Mount Rainier, ein aktiver Vulkan, aus der imposanten Gebirgslandschaft der Cascade Range empor. Der englische Seefahrer George Vancouver benannte den Berg nach seinem Freund Peter Regnier, einem britischen Marineoffizier. Die Indianer nannten den Berg »Ta-ho-ma« – »Wettermacher« –, weil er angeblich sein eigenes Wetter produziert. Von Paradise, dem Zentrum dieses Nationalparks, führen zahlreiche Wanderwege in die Bergwildnis, im Sommer mit bunter Blütenpracht. Die Paradise Valley Road kommt Autofahrern gelegen. Seit 1899 ist das Gebiet ein Nationalpark, ungefähr zehn Prozent davon sind von Eis bedeckt. Zu den attraktiven Gletschern gehören der Nisqually und der Emmons Glacier. Im Spätsommer können die Paradise-Gletscherhöhlen besichtigt werden.

# MOUNT ST. HELENS: DIE ERDE BEBT

Am Morgen des 18. Mai 1980 bebte am Mount St. Helens die Erde. Der Ausbruch des Vulkans sorgte für eines der dramatischsten Naturspektakel des letzten Jahrhunderts. Die gewaltige Explosion riss die Kuppe des Berges hinweg und ließ ihn um 400 Meter schrumpfen. Über vier Kubikkilometer Asche und Felsen spuckte der Vulkan in die Höhe und überzog die umliegenden Täler mit einer Lawine von nie gekannter Größe. Über 20 Kilometer wirbelte die Asche in die Luft. Die geschmolzenen Eismassen der Gletscher verwandelten sich in wahre Schlammfluten, beinahe 6000 Quadratmeter Wald fielen der Verwüstung zum Opfer. 27 Menschen sowie Millionen von Tieren und Pflanzen verendeten in dem unbeschreiblichen Chaos. Seit diesem Ausbruch ist der Vulkan noch 2550 Meter hoch. Zwei Jahre später stellte der National Park Service den Berg und die umliegenden Gebiete unter Naturschutz, damit Flora und Fauna sich wieder erholen konnten.

# PALOUSE HILLS

Sanft schwingen sich die Hügel der Region Palouse. Wie ein zufällig zusammengewehtes, scheinbar unendliches Band von Dünen erstrecken sich die kleinen Erhebungen durch den Nordwesten der USA. Einst bogen sich hier die goldgelben Halme von Blaubüschel-Weizengras und Idaho-Schwingel im Wind der Prärie. Heute liegt auf diesen eigentümlichen Formationen eines der fruchtbarsten Ackerbaugebiete des Landes. Die Palouse Hills zählen durch Weizen- und Linsenanbau zu den Kornkammern der USA. Unberührte Prärie lässt sich kaum noch finden, stattdessen pflügen Bauern mit ihren Treckern ganz eigene Muster in den Boden. Der Name dieser Landschaft findet sich übrigens auch in einer Pferderasse wieder: Die wendigen Appaloosas wurden einst von den Ureinwohnern der Gegend gezüchtet. Die Rasse war früher auch als »Palouse Horse« bekannt.

# PALOUSE FALLS STATE PARK

Ganz abrupt unterbricht eine Formation aus Wasser und Basalttafelbergen die monotone Erscheinung der Prärie südöstlich von Washtucna. Dort verbirgt sich ein Naturjuwel der besonderen Art: Der Palouse River hat sich schon einige Meter tief in das Gestein der flachen Berge gefressen, wenn er an der Abbruchkante als malerischer Wasserfall 61 Meter in die Tiefe rauscht. Wenn die Frühjahrssonne das Eis und den Schnee der Berge in murmelnde Rinnsäle und gurgelnde Flüsse abschmilzt, beginnt die schönste Zeit, um die Palouse Falls zu besuchen. Tosend wie zu kaum einer anderen Saison stürzt dann der Strom über die Plateaus hinab. Nicht nur auf den Aussichtsplattformen ist das Naturspektakel schön anzusehen – auch ein Picknick dort oben schafft bleibende Erinnerungen. Wer etwas abenteuerlustiger ist, wagt sich mit einer Kanutour jenseits des Wasserfalls auf den Fluss.

# PORTLAND

Ein besonderes Lebensgefühl strahlt die Hauptstadt Oregons aus. Sie gilt als eine der umweltbewusstesten Metropolen der USA: Schließlich hält sie nicht nur die größte Dichte an Radwegen und Fahrradfahrern des Landes bereit, sondern gibt sich auch mit ihren vielen Grünflächen, gut ausgebautem Bus- und Bahnnetz sowie großen Bauernmärkten sehr ökologisch. Außerdem wartet die 570 000-Einwohner-Stadt rund um vierzehn Brücken mit kulturellen Höhepunkten wie dem 22 000 Quadratmeter großen Kunstmuseum auf – dem ältesten des Nordwestens. Zu den Publikumsmagneten der Stadt gehört zudem das »Oregon Museum of Science and Industry« mit seinem davor liegenden U-Boot. Und mit »Powell's City of Books« findet sich in Portland die weltgrößte Buchhandlung. Sie umfasst einen ganzen Häuserblock und hat mehr als eine Million Bücher auf Lager.

# SILVER FALLS STATE PARK

Wasserfälle prägen den größten staatlichen Park Oregons: Im Silver Falls State Park kommen nicht nur Wanderer voll auf ihre Kosten, auch per Fahrrad oder Pferd lässt sich die Gegend wunderbar erkunden. Am bekanntesten ist der »Weg der zehn Wasserfälle«, er führt von einem herabstürzenden Strom zum nächsten. An manchen Stellen ist es sogar möglich, unter dem Wasser hindurch zu wandeln. Der Sprühnebel bringt vor allem im Sommer eine willkommene Erfrischung. Bevor der Park verstaatlicht wurde, wechselte er oft die Eigentümer. Nicht alle waren derart umweltbewusst wie heute. In den 1920er-Jahren etwa nahm der Unternehmer D. E. Geiser am South Fall Eintrittsgeld von den Besuchern des Wasserfalls und bot als Freizeitattraktion an, alte Autos mit dem rauschenden Wasser zu versenken. Noch Jahrzehnte später fischten Angler hier Kfz-Teile aus dem See.

# NORTHERN OREGON COAST

Der Highway 101 führt an der felsigen Küste von Oregon entlang durch unverfälschte Natur und ehemalige Fischerdörfer. Er öffnet den Blick auf senkrechte Felswände, einsame Sandstrände und romantische Landschaften. Zahlreiche Aussichtspunkte gestatten einen herrlichen Blick auf die raue Küste und den Pazifischen Ozean. Die größte Stadt an der nördlichen Küste ist Astoria, sie wurde bereits im Jahr 1811 von Johann Jacob Astor, dem König der Pelzhändler, gegründet. Der mehrfache Millionär, der durch Grundstücksgeschäfte reich geworden war, stammte aus Walldorf bei Heidelberg. Zu den kommerziellen Zentren an der Oregon Coast gehört Seaside, ein reicher Badeort; auch Tillamook beeindruckt mit einem weiten Sandstrand. Surfer kommen in der Brandung vor Lincoln City auf ihre Kosten; dort erstreckt sich ein zehn Kilometer langer Sandstrand.

# NEWPORT

Wie eine Schlange windet sich der Yaquina River aus dem Landesinneren bis in die Bucht von Newport, in vielen Schlaufen mäandert er bis zum Pazifik. Damit liegt die Kleinstadt Newport auf einer hakenförmigen Landzunge. Das viele Wasser, das sie umfließt, sorgt vor allem in den Morgenstunden oft für malerische Nebelschwaden. Doch nicht nur deshalb kommen Naturfreunde gern in diese Gegend, sondern auch wegen der Grauwale. Das frische Süßwasser des Yaquina River, das hier ins Meer strömt, lockt die Wale auf ihrem Weg vom Polarmeer in die warmen südlichen Gewässer an. Dort bekommen sie ihre Jungen und ziehen im Mai mit ihnen wieder zurück gen Norden. An vielen Stellen der Küste stehen in dieser Zeit freiwillige Helfer und informieren Gäste über das Naturschauspiel. Das ganze Jahr fühlen sich in Newport die Seelöwen wohl, die sich an den Kais sonnen.

# HECETA HEAD

Malerisch duckt sich Heceta Head in die Felsen der Steilküste. 65 Meter über dem Meer gelegen, beeindruckt er weniger mit Größe als vielmehr mit seiner schlichten Schönheit im Stil des 19. Jahrhunderts. Der gedrungene, strahlendweiß verputzte Turm aus dem Jahr 1894 wirft ein Leuchtfeuer, das auf dem Meer fast 35 Kilometer weit zu sehen ist. Es gilt als stärkstes Licht der Küste Oregons. Mit noch einem Superlativ schmückt sich der Turm: Er gilt als meistfotografiertes Leuchtfeuer der USA. Besonders malerisch präsentiert er sich, wenn Herbststürme Gischt über die Felsen peitschen. Darüber hinaus punktet Heceta Head vor allem bei Naturfreunden: In die nahe Steilküste hat das Meer ein großes Höhlensystem geknabbert, wo sich eine große Seelöwenkolonie angesiedelt hat. Wer sie beobachten will, gelangt mit einem gläsernen Fahrstuhl direkt in die Grotten.

# CAPE SEBASTIAN

Mit seinen 219 Metern über dem Meeresspiegel gehört Cape Sebastian schon zu den höchsten Erhebungen von Oregons Küste. Während unten im Meer die Brandung tost und Wellen sich an der felsigen Küste brechen, spritzen die feinen Wassertropfen manchmal bis nach ganz oben und machen die salzige Luft schwer. Hoch über den brechenden Wellen breitet sich in den Sommermonaten ein farbenfroher Blumenteppich aus. Exemplare der Douglas-Iris setzen blaue Tupfer zwischen die Felsen und Orchideen erstrahlen in Rosa und Weiß. Dazwischen wurzeln wagemutig wirkende Baumstämme wie Holzskulpturen auf dem harten Boden. Besonders der Süden der Region ist beliebt – wegen seiner vielen Aussichtspunkte. Schöne Blicke eröffnet auch der Wanderweg nach Gold Beach. Da das Kap als Landzunge weit ins Meer ragt, lässt es sich bei gutem Wetter bis nach Kalifornien blicken.

# SEAL ROCK STATE PARK

Ein besonderes Naturphänomen zeigt sich im Seal Rock State Park: Wenn die Gezeiten den Wasserstand am Strand sinken lassen, eröffnen sich zwischen den Sandflächen und den Felsen viele kleine Tidebecken. Nicht nur Kinder lieben es, dort die bunten Meeresbewohner zu beobachten. Knallgrüne Seeigel tummeln sich neben rosa-weiß getigerten Seesternen oder gelben Nacktschnecken. Die Felspoole wirken wie kleine Aquarien, erwärmen sich mit dem Sonnenlicht und offenbaren einen Einblick ins Leben im Meer – ganz ohne Schnorchel und Taucherbrille. Diese fotogenen Biotope bieten Vögeln wie Austernfischern oder Westmöwen einen reich gedeckten Tisch. Zudem lassen sich in der Nähe Robben und Seelöwen beobachten. Benannt ist der Park übrigens nicht nach diesen Robben, sondern weil die Silhouette des großen Felsens an eine solche erinnert.

# BANDON

Wo der Coquille River in den Pazifik mündet, haben sich malerische Felsformationen gebildet. Besonders im frühen Morgenlicht kann es sein, dass sie fast goldgelb leuchten. Meerwasser und Sand haben die einst schroffen Brocken im Laufe der Zeit ganz glatt geschliffen. Doch nicht nur die Felsformationen sind hier Attraktion. Das Städtchen mit seinen rund 3000 Einwohnern bezeichnet sich auch als Cranberry-Zentrum der USA. Die sauren roten Früchte aus Bandon stellen 95 Prozent der gesamten Produktion in Oregon. Auf mehr als sechs Quadratkilometer Fläche bauen die Farmer die Vitaminbomben an und feiern ihre Moosbeeren mit einem großen Festival. Daneben gelten hier aber auch Krabben und Krustentiere als heimische Delikatessen. Und noch einen Titel trägt das Städtchen: »Storm Watching Capital«. Von der Küste des Ortes aus lassen sich Gewitter bestens beobachten.

# ROGUE RIVER & SISKIYOU NATIONAL FOREST

Ein fast mystisches Gurgeln ertönt zwischen den Kieferstämmen, Wasser sprudelt aus unterirdischen Lavaröhren an die Oberfläche und verwandelt sich schnell in einen rauschenden Strom. Der Rogue River-Siskiyou National Forest gehört zu den wichtigsten Naturschutzgebieten der USA. Hier leben nicht nur so seltene Tiere wie Fleckenkauz und Marmelalk, vor allem hat sich in dem Schutzgebiet auch ein Primärwald erhalten. So wächst an den Hängen die größte Kiefer der Welt, sie misst mehr als 81 Meter. Aber auch bemerkenswert gesunde Bestände von Lachs und Regenbogenforelle lassen sich hier finden. Die knorrigen Stämme der Blau-Eichen und Oregon-Zedern sorgen für besondere Silhouetten. Den besten Überblick bekommen Besucher auf einer ausgedehnten Wanderung den knapp 65 Kilometer langen Rogue River Trail entlang.

# MOUNT HOOD NATIONAL FOREST

Seine schneebedeckte Kuppe erhebt sich weit über die Landschaft. Mount Hood, der »Berg mit der Haube«, ist bis zu 160 Kilometer weit sichtbar und gehört als höchste Erhebung zu den Wahrzeichen Oregons. An seinen Ausläufern liegt Portland – über der Stadt scheint der Berg mit seiner gleichmäßigen Form und dem stets weißen Gipfel Ruhe auszustrahlen. Er gehört zur Kaskadenkette und wartet mit zwölf Gletschern an seinen Hängen auf. Hier freuen sich Snowboarder und Skifahrer über die Ganzjahressaison und fahren auch gern nachts über die Piste. Im Sommer aber gehören die Hänge den Bergsteigern: Der 3429 Meter hohe schlafende Vulkan zählt zu den meist erklommen Dreitausendern der Welt. Wer sich den Aufstieg zum Gipfel nicht zutraut, findet auf dem Timberline Trail eine flachere Wanderroute. Insgesamt locken mehr als 1900 Kilometer Wanderwege.

# SMITH ROCK STATE PARK

Steinadler und Präriefalken schweben hoch am Himmel und halten nach Beute Ausschau, während am Boden Otter planschen, Biber die Landschaft neu gestalten und Maultierhirsche genüsslich auf den saftigen Wiesen grasen – der Smith Rock State Park bietet vielen auch seltenen Tieren ein wichtiges Refugium. Doch seine Beliebtheit als Reiseziel verdankt er wohl eher seinen schroffen Basaltfelsen, die mit ihren steilen Hängen Tausende von Kletterern im Jahr anlocken. Sie bilden dann hübsche bunte Farbtupfer auf dem goldgelben Gestein. Manche der Felsen ragen mehr als 1000 Meter auf oder erinnern mit ihren Formen an Tiere, wie etwa »Monkey Face«. Bei diesem Naturpanorama wundert es wenig, dass hier nicht nur die Geburtsstätte des Klettersportes auf US amerikanischem Boden liegen soll, sondern die Felsen auch schon als Filmkulisse dienten.

# MOUNT WASHINGTON

Zahlreiche Berge im Land sind nach Washington benannt – in Oregon trägt ein 2376 Meter hoher Schildvulkan seinen Namen. Doch Gletscher, Wind und Wetter haben dem Gipfel so zugesetzt, dass die schroffen Gipfelspitzen kaum noch den einstigen Vulkankegel erkennen lassen – anders als beim nahen, deutlich jüngeren Belknep Crater mit seiner runden Kuppe. Erst 1923 wurde er erstmals bestiegen. Und auch heute zieht es vor allem Kletterer, Jäger und Wanderer in die Region. Sie genießen den Wildreichtum und die 28 Seen, die sich zwischen Wiesen, Hemlocktannen und Drehkiefern ausbreiten. Mitten hindurch führt der Pacific Crest National Scenic Trail. Die Lavalandschaft rund um den Gipfel ist seit 1964 als Mount Washington Wilderness geschützt – die rund 215 Quadratkilometer umfassen auch einen Teil des Deschutes und des Willamette National Forest.

# DESCHUTES NATIONAL FOREST

Ganz im Osten der Cascades Range gelegen, wird der Deschutes National Forest von seiner vulkanischen Vergangenheit bestimmt. Hier hat die heiße Glut die Erde neu gestaltet, sodass Besucher an manchen Stellen glauben können, sie seien auf dem Mond gelandet. Gesteinstrichter und -brücken oder durchlöcherte Felsbrocken finden sich überall am Wegesrand. Vor allem aber hat die Lava mehr als 250 unterirdische Höhlen geformt. An manchen Stellen dominiert grauer Schotter, während in anderen Regionen perfekt geformte Kegel die Landschaft zieren, als wären sie mit gigantischen Sandförmchen gebacken. Wandern lohnt sich vor allem entlang der Gewässer. Je näher man dem Deschutes River kommt, desto grüner wird die Gegend, üppige Blütenteppiche überziehen im Frühjahr den Boden, während im Gewässer vielleicht ein Fliegenfischer seine Angel schwingt.

# CRATER LAKE NATIONAL PARK

Der tiefste See der USA reicht bis 592 Meter hinab und trägt seinen Namen nicht umsonst, denn er entstand in einem erloschenen Vulkan. Rundherum liegt der 752 Quadratkilometer große Crater-Lake-Nationalpark. Die steilen Hänge und die tiefblaue Färbung des Sees machen das Gewässer derart besonders, dass sein Abbild die 25-Cent-Münzen des Bundesstaates Oregon ziert. Sein Wiedererkennungsmerkmal aber ist die kleine Insel mitten im See. Dort scheint ein Mini-Vulkan zu schwimmen – Wizard Island ragt rund 240 Meter aus dem See hinaus und ist bei einem späteren Ausbruch entstanden. Heute gilt die Insel als beliebtestes Fotomotiv der Parkbesucher. Um den See herum wachsen dichte Nadelwälder, durch die Schwarzbären, Luchse, Wapiti, Kojoten und Marder streifen. Greifvögel wie Falken, Habichte und Adler ziehen derweil am Himmel ihre Kreise.

# REDWOOD NATIONAL PARK

Drei Naturschutzgebiete im nördlichen Kalifornien, die bereits zu Beginn des 20. Jahrhunderts entstanden, verdanken ihre Entstehung der mächtigen Naturschutzvereinigung Save-the-Redwoods-League. Alle drei Parks, Jedediah Smith, Del Norte Coast und Prairie Creek, bilden zusammen mit dem Redwood-Nationalpark eine einzigartige Schutzzone. Die mächtigen Redwoods oder Küsten-Sequoias, nahe Verwandte der Mammutbäume, werden über 100 Meter hoch. Ihr durchschnittliches Alter beträgt 500 bis 700 Jahre, einzelne werden mehr als 2000 Jahre alt. Die höchsten Bäume stehen in der Tall Trees Grove bei Orick. In Prairie Creek beeindruckt der dichte Regenwald, an der Del Norte Coast die zerklüftete Felsenküste. Mächtige Redwoods findet man auch am Mill Creek im Redwoods State Park. Die Avenue of the Giants führt mitten durch die dunklen Wälder.

# POINT REYES NATIONAL SEASHORE

Dichte Nebelschwaden sind das prägende Wetterphänomen des Schutzgebietes. Hier soll es mehr Dunstschleier geben als an jedem anderen Teil der kalifornischen Küste. Vielleicht liegt es an der einmaligen Form der Landschaft: Wie ein Fledermausflügel ragt die von Granitfelsen geprägte Halbinsel weit in das Meer hinein. Nicht nur bei Ornithologen ist Point Reyes beliebt. Die Halbinsel ist vor allem geologisch interessant, denn im Gegensatz zum Festland, das zur Nordamerikanischen Kontinentalplatte gehört, liegt Point Reyes auf der Pazifischen Platte, getrennt durch die San-Andreas-Verwerfung. Beide Flächen schieben sich langsam aneinander vorbei und wenn sie sich dabei verhaken, steigt die Erdbebengefahr. Der Earthquake Trail im Reservat zeigt Auswirkungen dieser topographischen Veränderungen – viele Furchen stammen vom großen Beben aus dem Jahr 1906.

# DRAKES BAY

Die »Bucht des Drake« gehört zur Point Reyes National Seashore. Pflanzen und Tiere, die in der knapp 260 Quadratkilometer großen baumlosen Landschaft überleben, haben sich an raue Bedingungen gewöhnen müssen. Salzige Sümpfe, ins Land hineinragende Meeresarme sowie Nadelwälder prägen die Landschaft. Daran angepasst, leben Waschbären, Elche und Kojoten, im Meer fühlen sich Seelöwen, Wale und Seehunde wohl. Die vorgelagerten Meeresgebiete sind streng geschützt aufgrund ihrer Artenvielfalt unter Wasser. In der Wildnis der Schooner Bay lieferte rund hundert Jahre lang ein Austernzuchtbetrieb einige der besten Austern der Küste – bis die Lizenz nicht verlängert wurde, um das Land wieder der Natur zu überlassen. Ihren Namen hat die Bucht von Sir Francis Drake, der im dichten Nebel nicht mehr weiterkam und 1579 hier in der Bucht anlandete.

# LAVA BEDS NATIONAL MONUMENT

In dem Schutzgebiet ist die Erde durchlöchert wie ein Schweizer Käse. Mal ziehen sich lange Gänge durch den steinigen Boden, mal eröffnen sich kleine mit Farn bewachsene Senken, über die sich die Felsen wie ein Dach wölben. Das Lava Beds National Monument gehört zu den eigenwilligsten Nationalparks der USA. Hier haben vor mehr als 30 000 Jahren erstarrende Lavaströme unterirdische Röhren in der Landschaft geformt, manche der Gänge sind mehr als hundert Meter lang und zwei bis drei Meter hoch. Leitern laden zum Erkunden von mehr als 700 Höhlen, die vor allem von Fledermauskolonien bewohnt sind. Ende des 19. Jahrhunderts zogen sich Modoc-Indianer in die Gänge zurück, als es zu Konflikten mit weißen Siedlern kam. Sehenswert ist zudem der Petroglyph Point, die prähistorische Steinschnitzerei dort gehört zu den größten im Land.

# MOUNT SHASTA

Mitten aus dem flachen Land Nordkaliforniens erhebt sich der Vulkankegel Mount Shasta, umhüllt von einer in perfekte Falten geworfenen Schneedecke. Sieben Gletscher bedecken seine Hänge, darunter der Whitney Glacier, Kaliforniens größter. Seit seiner Erstbesteigung im Jahr 1854 hat sich der Berg zum beliebten Kletter- und Wanderziel entwickelt – seine 4317 Meter machen ihn zum zweithöchsten Vulkan der USA. Schon die indianischen Ureinwohner nannten ihn den Weißen Berg. Sie glauben auch, dass auf ihm ein himmlischer Gott lebt, der sich mit einem Fürsten der Unterwelt auf Mount Mazama bekriegt. Noch heute zelebrieren einige Stämme hier Rituale, während Westler eher an eine verborgene Stadt im Gipfel oder an einen mystischen Kraftort glauben. Eine unbestrittene Tatsache ist jedenfalls die Schönheit dieser Berglandschaft auch im Sommer.

# LAKE TAHOE

Der nach dem Crater Lake tiefste See der USA liegt teils in Kalifornien, teils in Nevada. Nahe dem malerischen, dicht bewaldeten Ufer verläuft zwar ein Highway, doch die schönsten und ökologisch wichtigsten Bereiche sind durch zwei State Parks geschützt. Der kalifornische umfasst die Emerald Bay, die Bucht mit der einzigen Insel im See, Fannette Island. Doch auch Vikingholm, ein Baudenkmal in skandinavischem Stil, und die Eagle Falls sind sehenswert; Schnorchler können in der Bucht nach Schiffswracks tauchen. In Nevada schützt der Lake Tahoe Park die Nordostküste des Sees. Ausflüge zum Cave Rock und nach Sand Harbor, wo jedes Jahr ein Shakespeare-Festival stattfindet, sind lohnenswert. Spooner Lake eignet sich zum Angeln und Beobachten von Wildtieren. Im Marlette/Hobart-Hinterland führen zahlreiche Wanderpfade zur Carson Range.

# SACRAMENTO

Als der Schweizer Johann Sutter 1839 nach Sacramento zog, wollte er eigentlich nur eine Obstplantage errichten. Neun Jahre später erlangte der bäuerlich geprägte Ort Weltruhm, denn per Zufall wurde dort ein Goldklumpen gefunden. Tausende von Glücksrittern strömten nach Sacramento auf der Suche nach Reichtum. Die Spuren der schnell wachsenden Stadt, die bis heute Kaliforniens Kapitale ist, lassen sich im Kuppelbau des State Capitol bewundern, das im Inneren mit Marmorstatuen und Kristallleuchtern glänzt. Wild-West-Atmosphäre pur hingegen strahlt die Old Town aus, mit ihren erhöht liegenden hölzernen Bürgersteigen und den Verandas vor den Häusern, an denen früher die Pferde angebunden wurden. Das Discovery Museum präsentiert interaktiv wissenschaftliche Themen und nur wenig weiter lockt das Railroad Museum Eisenbahnfans aus dem ganzen Land.

# NAPA VALLEY

Dicke, knorrige Weinstöcke grünen in Reih und Glied, so weit das Auge reicht. Das lange und schmale Napa Valley verbreitet als berühmtestes Weinanbaugebiet der USA mediterranes Flair. Der Wind vom Meer und feuchter Nebel aus der San Pablo Bay lassen besonders gute Pinot-Noir- und Chardonnay-Jahrgänge reifen. Der Star des Gebietes ist aber »Cab« – der Cabernet Sauvignon, der im nördlichen Teil des Tals wächst, er gehört zu den besten Tropfen der Welt. Seit den 1960er-Jahren stieg die Zahl der Weingüter von 30 auf mehr als 250, viele gleichen Schlössern oder hüten reiche Kunstsammlungen. Das Gut »Quixote« vereint beides, es ist vom Künstler Hundertwasser entworfen, während das Gut »Sterling« wie ein griechisches Kloster über den Hügeln wacht. Stilvolle Reisen bietet der Wine Train, dessen Pullmannwagen die Passagiere zu Weinproben bringen.

# SAN FRANCISCO

Die Stadt auf den unzähligen Hügeln gehört zu den schönsten Metropolen der Welt. Im Jahr 1776 wurde sie als Yerba Buena von den Spaniern gegründet, 1847 erhielt sie ihren neuen Namen nach der von Pater Serra gegründeten Mission San Francisco de Asis. Mit den sagenhaften Goldfunden im Januar 1848 begann der Aufstieg der Stadt zu einem bedeutenden Handelszentrum und Seehafen. Selbst das katastrophale Erdbeben von 1906 konnte den Aufschwung nicht bremsen. Zu den Highlights der Stadt gehören natürlich die Bucht mit der Golden Gate Bridge und der Oakland Bay Bridge; Fisherman's Wharf, der Yachthafen am Ende der Hyde Street; Chinatown, die orientalische Oase mit goldenen Drachen und roten Pagoden und versteckten Hinterhöfen; die geschäftige Market Street und Szene-Viertel wie South of Market und Cow Hollow.

# SAN FRANCISCO: GOLDEN GATE BRIDGE

Die hoch aufragenden Art-déco-Doppelpfeiler der Golden Gate Bridge, sichtbar von fast jedem erhöhten Punkt der Stadt aus, bilden die Basis für die markanteste Sehenswürdigkeit im US-amerikanischen Westen. Als das Bauwerk im Jahr 1937 eingeweiht wurde, war es die längste Hängebrücke der Welt. Über 35 Millionen Dollar hatte der Bau verschlungen, für die damalige Zeit eine unvorstellbare Summe. 227 Meter erheben sich die Pfeiler der Brücke über dem Pazifik. Von den Ingenieuren unter der Leitung des Architekten Joseph B. Strauss wurde die Stahlkonstruktion so angelegt, dass sie einem Sturm mit einer Windgeschwindigkeit von 160 Kilometern pro Stunde standhalten kann. Seit 1965 wird sie ständig gestrichen: Ist man auf der einen Seite fertig, fängt man auf der anderen wieder an. Die beiden Hauptkabel der Brücke sind einen Meter dick und enthalten 128 744 Kilometer gebündeltes Stahlkabel. Seit jeher ist die rote Brücke das Wahrzeichen der Stadt.

# SAN FRANCISCO: FISHERMAN'S WHARF

Dass sich an dieser Stelle einst ein ruhiger Fischereihafen befand, scheint heute fast unvorstellbar: Fisherman's Wharf gehört zu den trubeligsten Orten San Franciscos. Zauberer und Jongleure präsentieren unter freiem Himmel ihre Tricks, Karussells drehen sich und in der Luft liegt Krabbenduft. Die früheren Konservenfabriken wie »The Cannery« haben sich in Einkaufszentren mit Restaurants verwandelt. Museen wie das U-Boot »Pampanito« aus dem Zweiten Weltkrieg, das »Aquarium of The Bay« mit Haien, Kraken und Fischottern oder das Kuriositätenkabinett »Ripley's Believe It or Not« sind ebenso sehenswert. Zu den Wahrzeichen der Landungsbrücken gehören die Seelöwen. Am Pier 39 nehmen sie den Trubel ganz gelassen und sonnen sich auf Pontons. Gleich nebenan bieten Ausflugsboote Touren zur ehemaligen Gefängnisinsel Alcatraz an.

# SAN FRANCISCO: TRANSAMERICA PYRAMID

Die Angst vor einem erneuten Erdbeben saß lange tief in den Bewohnern der Stadt, und so traute sich niemand, hohe Wolkenkratzer zu bauen. Doch der Druck, es New York oder Chicago gleichzutun, wuchs, und Anfang der 1970er-Jahre zog die kalifornische Stadt mit der Transamerica Pyramid nach. Im Volksmund »The Needle« genannt, die Nadel, ragt sie 260 Meter empor. Mitschwingende Fundamente und seitlich angebrachte Gebäudeflügel sollen das 48 Stockwerke zählende Gebäude bei Beben sichern. Der Bau mit dem quadratischen Grundriss spitzt sich zu einer lang gezogenen Pyramide zu, ein baulicher Trick, um einen großen Schattenwurf auf die anderen Straßen zu verhindern. Besonders nachts ist die Aluminiumkappe des Turms schön beleuchtet, in der Adventszeit ist sie gar von einer Illumination gekrönt, die wirkt, als würde ein Stern aus der Spitze strahlen.

# SAN FRANCISCO: NOB HILL

Wenn im Kino Gangster ihren Verfolgern entwischen und mit quietschenden Reifen über steile Straßen sausen, dann handelt es sich in der Szenerie vermutlich um Nob Hill. Der rund 115 Meter hohe Hügel wird von vielen Einheimischen gerne auch »Snob Hill« genannt, weil sich dort viele Vermögende prächtige Häuser erbaut haben. Die Hügellage lockte einst Eisenbahnbosse ebenso wie neureiche Goldgräber in das Viertel. Allerdings legte das große Erdbeben 1906 viele der viktorianischen Villen in Schutt und Asche, da sie aus Holz gebaut waren. Aus Fehlern klug geworden, kam nach der Katastrophe Sandstein zum Einsatz und statt Villen errichtete man Luxusherbergen wie das Mark Hopkins Hotel. Ein schöner Überblick über das Quartier offenbart sich am Huntington Park. Dort steht auch die Grace Cathedral, in der Keith Haring einen Altar gestaltet hat.

# SAN FRANCISCO: CABLE CARS

»Das kann man keinem Pferd antun«, dachte sich wohl der Erfinder Andrew Hallidie und ersann ein bis heute einzigartiges Verkehrsmittel – die Cable Cars. Denn noch 1870 verletzten sich Zugtiere, wenn sie Kutschen und schwere Lasten die steilen Hügel von Nob oder Russian Hill hochzerrten. So wurde eine Straßenbahn gebaut, die mit einem unterirdischen Flaschenzugsystem die Steigungen fast mühelos überwinden konnte. 1873 ging die erste Linie an der Clay Street in Betrieb. Während mancher Einheimische noch spottete, erfassten andere die Gunst der Stunde und eröffneten Läden und Restaurants entlang der neuen Linie. Bald folgten weitere Strecken und zur Blütezeit der Cable Cars Anfang des 20. Jahrhunderts ratterten 600 Wagen durch die Stadt. Das Erdbeben setzte dem Verkehrsboom 1906 jäh ein Ende, heute stehen sie unter Denkmalschutz.

# SAN FRANCISCO: ALAMO SQUARE

Vor der Silhouette der Wolkenkratzer sehen sie fast aus wie Spielzeughäuschen: San Franciscos Postkartenmotiv-Villen rund um den grünen Alamo Square. Zehnstufige Ziertreppen führen zu bunten Haustüren, darüber Balkone, deren Balustraden mit Schnitzereien verziert sind. Davor wachsen Bäume derart regelmäßig gestutzt, dass sie direkt einem Modellbaukasten entnommen sein könnten. Der kleine Park lädt zu einem Panorama-Stopp ein, mit etwas Glück zeigt sich ohne Nebel die Stadt. Wo sich heute reiche US-Bürger Residenzen ausgebaut haben, befand sich noch Ende des 19. Jahrhunderts ein Vergnügungsviertel mit Spielhallen und anrüchigen Kneipen. Herzchen und Pik-Ass-Zeichen als Schnitzereien an der Fassade weisen darauf ebenso hin wie der Name der Häuser. »Painted Ladies« erinnert an die Prostituierten, die sich hier einst so auffällig schminkten.

# SAN FRANCISCO: BAY BRIDGE

Bei Tag ist sie eine mächtige Technikschönheit in Silber und Grau. Wenn der Himmel jedoch dunkler wird, zieren Hunderte kleiner Lichter die doppelstöckige Brücke mit goldenem Lichtschein. Die San Francisco Bay Bridge ist zwar nicht so berühmt wie die Golden-Gate-Brücke, dafür aber technisch umso aufwendiger. Noch nie zuvor war eine derartige Strecke wie die gut 13 Kilometer zwischen der Stadt und Oakland überwunden worden, knapp sieben Kilometer davon über Wasser. Die Bay Bridge gliedert sich in zwei Teile, der westliche Part führt auf die von der US Navy genutzte Insel Yerba Buena Island, und von dort streckt sich ein zweiter Brückenteil zur Stadt Oakland. Weil der östliche Teil nicht ausreichend erdbebensicher war, wurde dort 2013 eine neue Brücke errichtet. Die typische Silhouette der westlichen Bay Bridge sieht hingegen ganz so aus wie nach ihrer Eröffnung 1936.

# SAN FRANCISCO: ALCATRAZ

Das berühmte Gefängnis erhebt sich aus der Bucht bei San Francisco wie ein verlassener Beobachtungsposten. Mächtige Betonklötze beherrschen die Szenerie, der Leuchtturm wirkt gegen diese massigen Bauwerke eher fragil. In den Zellen mit nur 1,50 Meter Breite und 2,70 Meter Länge sollen einst Verbrecher wie Al Capone und George F. Barnes eingesessen haben. Immerhin galt Alcatraz, umgeben von brausendem Meer, als sicherstes Kittchen der Erde. Noch heute brauchen Besucherschiffe etwa 20 Minuten zur Fahrt auf die Insel. Offiziell gelang es niemandem je zu entfliehen, Hollywoodfilme wie »Flucht von Alcatraz« mit Clint Eastwood verbreiten bloß Heldenpathos. Vielmehr erwies sich die Einrichtung letztlich als Baufehler, salziges Meerwasser setzte Rohren und Gittern derart zu, dass »The Rock« 1963 als Staatsgefängnis geschlossen wurde. Heute ist es ein Museum.

# MONTEREY UND MONTEREY BAY

Als »Straße der Ölsardinen« ist dieses Stück Land in die Weltliteratur eingegangen: Der kalifornische Autor John Steinbeck setzte der »Cannery Row« in Monterey mit seinem gleichnamigen Werk für immer ein Denkmal. Noch heute kommen Reisende und wollen auf den Spuren des Autors durch das Hafenstädtchen wandeln. Mit den Szenen im Buch hat der Alltag dort allerdings nur noch wenig zu tun. Immerhin gehörte der 27 000-Einwohner-Ort einst zu den wichtigsten Sardinenquellen der Welt und Fischerei war für fast jeden Haushalt das Tagesgeschäft. Sogar die Straßenlampen wurden mit dem Fett der Buckelwale befeuert und die Konservenfabrik lieferte Ölsardinen in Dosen von hier aus in alle Welt. In den einstigen Produktionsstätten haben sich längst Cafés und Läden angesiedelt, in denen sich Besucher erholen, bevor sie die Panoramastraße 17-Mile-Drive am Meer weiterfahren.

# CARMEL-BY-THE-SEA

Eine Siedlung, in der einst Hollywoodschauspieler Clint Eastwood Bürgermeister war, muss etwas Besonderes sein. Tatsächlich verkörpert Carmel-by-the-Sea den Charme eines romantischen europäischen Ortes. Seine Häuser im typischen Stilmix englischer Cottages und österreichischer Berghütten reihen sich hinter dichten Efeu- und Weinranken aneinander. Bougainvillen blühen in allen Rottönen und sorgen für bunte Tupfen. Neonreklame und Straßenlaternen sucht der Besucher ebenso vergeblich wie Briefkästen und Parkuhren, sie sind gesetzlich verboten. Regelungen wie diese bringen eine süße Harmonie hervor und so gleicht Carmel ein wenig einem ländlichen Disneyland. Schon Berühmtheiten wie Ernest Hemingway, John Steinbeck und Jack London wussten die Idylle zu schätzen. Heute erholt sich sogar Brad Pitt gern am langen, weißen Sandstrand.

# US HIGHWAY 1

»Dies ist die schönste Begegnung von Land und See, die es auf Erden gibt«, schrieb einst der Schriftsteller Robert Louis Stevenson: Besonders zwischen San Francisco und Los Angeles gilt der legendäre Highway 1 als eine Traumstraße. Einsame Sandstrände und schroffe Steilküsten, romantisch gelegene Missionen und malerische Dörfer säumen die Küstenstraße, die über mehrere Tausend Kilometer durch Washington, Oregon und Kalifornien führt und längst wie die Route 66 zum Mythos geworden ist. Teile des Highway 1 folgen dem historischen El Camino Real, dem »Königsweg«, der die alten Glaubensbastionen verband. Nach dem Zweiten Weltkrieg ließen sich vor allem Aussteiger und Abenteurer an der Straße nieder. Zu den bekanntesten Städten am Highway 1 gehören Monterey und Carmel. Vom Highway geht auch der bekannte 17-Mile-Drive ab, für dessen Benutzung aber eine Mautgebühr verlangt wird.

# BIG SUR

Die weite Wildnis ruft in dieser Gegend, der englisch-mexikanischen Name »Großer Süden« trägt die ungezähmte Natur der abwechslungsreichen Landschaft schon in sich. Wer auf dem Highway 1 südlich von Carmel weiterfährt, erreicht hier den vielleicht panoramareichsten Abschnitt der Strecke. Der raue Seewind hat Kiefern krüppelig gebogen und sendet ab und zu Gischtschleier als Gruß in die Luft. Hohe Brücken und tosende Wellen sorgen für malerische Farbspiele zwischen Luft, Licht und Wasser. Felsbrocken liegen wie hingeworfen im Meer vor der Küste, dort tummeln sich auch Seelöwen und Grauwale. Mit 1571 Meter ist der kegelförmige Cone Peak der höchste Küstengebirgsgipfel von Kalifornien. Richtige Städte und Siedlungen hingegen suchen Besucher vergeblich, die Menschen von Big Sur leben zurückgezogen auf ihren Anwesen in den Wäldern.

# POINT LOBOS STATE RESERVE

Wer sich dem Schutzgebiet Point Lobos nähert, hört schon von Weitem das laute Bellen der Seehunde – das State Reserve gehört zu den wichtigsten Ozeanschutzgebieten der Region. Aufgrund des steil abfallenden Ufers gelangen große Mengen an Sauerstoff in das Wasser. Das wiederum verstärkt das Planktonwachstum und sorgt für reiche Fischgründe. Zudem hat sich im Meer ein dichter Tangwald gebildet, dessen Fauna zu den artenreichsten der Erde gehört. Die Hälfte des Reservates befindet sich unter Wasser. Kein Wunder also, dass sich Robben, Seelöwen und Otter hier wohlfühlen. Mit etwas Glück lassen sie sich von Land aus bei ihren Jagdversuchen nach Fischen und Tintenfischen beobachten. Auf jeden Fall zu sehen sind die seltenen Monterey-Zypressen, die hier gedeihen. Die empfindliche Baumart hat im State Reserve ihren letzten größeren Bestand.

# JULIA PFEIFFER BURNS STATE PARK

Dass von außen Unscheinbares oft tiefe Schätze verbergen kann, beweist der Julia Pfeiffer Burns State Park. Wer am Eingang des State Park steht, glaubt nur ein weiteres Schutzgebiet mit Wäldern und Steilküste zu sehen. Tatsächlich aber befindet sich dort mit den spektakulären McWay Falls eines der beliebtesten Fotomotive der USA. Nur ein schmaler Holzsteg, dicht an die felsige Steilküste gedrückt, führt zu dem berühmten Wasserfall, der sich filmreif von einem 25 Meter hohen Felsen mitten ins türkisgrüne Meer ergießt. Eine Szenerie, die man eher in der Karibik als in Kalifornien vermuten würde. Auf dem weißen Sandstrand davor finden sich allerhöchstens Tierspuren, für Menschen bietet das abgelegene Idyll keinen Zugang, zu steil ist die Küste. Zudem ist das Areal ein wichtiges Unterwasserschutzgebiet und sollte ganz den Meeresbewohnern überlassen werden.

# HEARST CASTLE

Eigentlich war die Zeit des Schlösserbaus im Jahr 1919 längst vorbei, aber der Zeitungsverleger William Randolph Hearst wollte sich eines der vorzeigbarsten Herrenhäuser des Landes errichten lassen. Als Vorbild dienten ihm dabei europäische Bauten und so vereinte er alles, was er gern bei Europareisen anschaute, in einem Areal. Das spanisch anmutende Haupthaus gleicht eher einer Kirche als einer Villa. Allein die Wohnfläche mit den 165 Zimmern macht schon einen halben Quadratkilometer aus. Im Garten befindet sich ein 30 Meter langes Schwimmbecken, gesäumt von einem nachgebauten römischen Tempel, sowie ein großer Privatzoo. Noch heute grasen Zebras auf dem 127 Hektar großen Gelände. In den 1920er-Jahren war Hearst Castle berühmt für seine luxuriösen Feiern. Dazu kamen Größen wie Charlie Chaplin, Greta Garbo, Winston Churchill oder Clark Gable.

# MORRO BAY

Als wäre ein Miniplanet einfach so ins Meer geplumpst, liegt Morro Rock in der Bucht und lässt sich von den sanften Wellen des Pazifiks umspülen. Er ist der verbliebene Pfropfen eines alten Vulkans. Auf dem halbrunden einsamen Felsen haben allein Vögel ihr Zuhause, sie machen während des Vogelzugs hier Station. Ganzjähriger Gast ist der Wanderfalke, der in den Felsnischen nistet. Wahrscheinlich nascht er ab und an auch einmal eine Auster, denn die Meeresfrüchte gehören zu den traditionellen Fängen des Fischerortes ebenso wie Heilbutt und Stachelköpfe. Auch Ohrmuscheln wurden hier einst gehandelt, wegen Überfischung aber bleiben die letzten Exemplare im Meer. Manche Seehunde sind derart zahm, dass sie sich auf den Stegen aus der Hand füttern lassen. Sportlichen Besuchern empfiehlt sich eine Kajaktour an der Küste entlang oder ein Schnorchelausflug.

# SANTA BARBARA

Bougainvilleen ranken in Knallpink und Lila über ockerfarbene Mauern, Torbögen spannen sich über Eingänge – Santa Barbara versprüht andalusisches Flair und könnte auch am Mittelmeer liegen. Palmen wiegen sich im warmen Wind, Zitrusbäume verströmen süßen Duft, hier wird der Einfluss der mexikanischen Einwanderer deutlich. Weiß geputzte Häuser strahlen um die Wette und die feinsandigen Strände wirken wie frisch gereinigt. Allein die schachbrettartige Straßenführung verrät, dass diese Stadt in den USA liegen muss. Bei derartiger mediterraner Idylle wundert es kaum, dass Santa Barbara mit die höchsten Immobilienpreise Nordamerikas hat. An Kaliforniens Riviera aber wohnen nicht nur Stars wie Kevin Costner und Oprah Winfrey, auch technische Entwicklungen stammen von hier – das Mondauto für die Apollo-Missionen ertüftelten Forscher in den Werkstätten der Stadt.

# SANTA BARBARA: COUNTY COURTHOUSE

Eine schlichte Fensterrosette in der Front, dahinter ein Uhrturm und vorn ein riesiger Torbogen als Eingang – das County Courthouse von 1929 gleicht eher einer Hazienda als einem Gerichtsgebäude. Ausgestattet mit kostbaren Fliesen und Wandgemälden sowie einem Brunnen vor dem Portal, erscheint das Regierungsgebäude von fast unpassender Pracht. Im Sitzungssaal wird es denn auch weltlicher. Dort geben die Gemälde des kalifornischen Künstlers Dan Sayre Groesbeck einen kurzen Überblick über die Geschichte – von den indianischen Ureinwohnern bis zur Zeit der Europäer. Trotz allen Überflusses gab es auch Gefängniszellen in dem Bau. Wer einen Überblick über das L-förmige Gebäude haben möchte, besucht die Aussichtsterrasse des Clocktowers. Von dort wird sichtbar, dass das Courthouse in einem Park liegt, in dem Pflanzen aus allen Kontinenten wachsen.

# CHANNEL ISLANDS NATIONAL PARK

Die Inseln Anacapa, Santa Barbara, San Miguel, Santa Rosa und Santa Cruz wurden erst 1980 zum Nationalpark erklärt. Diese paradiesisch gelegenen Eilande im Santa Barbara Channel locken vor allem Wanderer und Vogelbeobachter an, die hier seltene Kormorane und Braune Pelikane beobachten können. Auch Seelöwen und Wale kann man von den Inseln aus bewundern. Vor der Küste kommen Taucher auf ihre Kosten. Höhlen und Schiffswracks machen jeden Tauchgang zu einem Abenteuer. Auch Angler sind an manchen Stellen zugelassen. In einem Meeresschutzgebiet, das eine Zone von jeweils sechs Seemeilen um jede Insel umfasst, sind fast 1000 Fisch- und Pflanzenarten geschützt. Auf jeder Insel sorgt ein Ranger für die Einhaltung der strengen Vorschriften. Im Winter und im Hochsommer bevölkern Wale oder Delfine die Gewässer vor den Küsten.

# MALIBU

Mit seinen vornehmen Häusern auf Stelzen und dem abgeschotteten Strand ahnen Besucher schon, was sich hinter dieser Stadt verbirgt: »Billionaire's Beach« – der Strand der Milliardäre. Tatsächlich ziehen sich Berühmtheiten hierher zurück, Thomas Gottschalk zog hier seine Kinder groß und Regisseur James Cameron ruht sich zwischen seinen Drehs aus und genießt den Blick auf den leeren Strand und das Meer. Obwohl in Kalifornien jeder Strand öffentlich zugänglich sein muss, haben die Einwohner von Malibu sich immer wieder Tricks einfallen lassen, um ihre Abgeschiedenheit zu bewahren. Für Besucher bestimmt hingegen ist die Getty-Villa. Sie geht auf eine Stiftung des Öl-Tycoons Jean Paul Getty zurück, der ebenfalls in Malibu gelebt hat, und beeindruckt mit moderner Architektur sowie der Sammlung römischer, griechischer oder etruskischer Kunst.

# LOS ANGELES

Los Angeles, weltweit L.A. abgekürzt, ist die zweitgrößte Stadt der USA. Flächenmäßig übertrifft sie alle anderen Metropolen: Über 1200 Quadratkilometer erstreckt sich das Stadtgebiet, das ist einsamer Rekord. Die »Stadt der Engel«, um 1781 als »Pueblo de los Angeles« gegründet und noch im 19. Jahrhundert ein unbedeutendes Dorf, wurde nie zum Schmelztiegel wie New York und bestand schon vor dem Zweiten Weltkrieg aus einer Vielzahl von eigenständigen Siedlungen – damals durch Straßenbahnlinien zusammengehalten. Über tausend Meilen Schienen wurden aus dem Asphalt gerissen, als das Auto seinen Siegeszug antrat. Inzwischen erstickt das kleine Stadtzentrum im Würgegriff einer Vielzahl von Freeways, die nach allen Seiten aus der Stadt führen. An die spanische Vergangenheit erinnern heute nur noch die Union Station und die Olivera Street.

# LOS ANGELES: BEVERLY HILLS

Noch vor 80 Jahren lebten die Bauern hier vom Anbau von Limabohnen, heute residieren hier die größten Stars der USA. Madonna, Keanu Reeves oder Halle Berry kauften sich in Beverly Hills einige der vornehmsten Anwesen der USA, selbst Michael Jackson hat hier einst gewohnt. Nirgendwo in den USA ist die Dichte der Reichen und Schönen höher. Das Gebiet, das sich wie eine eigenständige Insel in die Stadt Los Angeles einfügt, wartet nicht nur mit berühmten Einwohnern auf, sondern auch mit der Vergnügungsmeile Sunset Strip sowie der teuersten Einkaufsstraße der Welt, dem Rodeo Drive. Die Häuser der Prominenten gehören zu den größten Attraktionen der 30 000-Einwohner-Stadt, die sogar über eigene Landkarten mit eingezeichneten Staradressen verfügt. Und als wäre die Stadt noch nicht reich genug – sie befindet sich über einem großen Ölfeld, das bis heute aktiv genutzt wird.

# LOS ANGELES: WALK OF FAME

Lassie hat hier ebenso einen Messingstern bekommen wie der Filmhund »Rin Tin Tin«: Die Vierbeiner reihen sich ein in die Galerie der Stars, die auf dem »Weg des Ruhms« verewigt sind. Die Erinnerungsplaketten pflastern zwischen 18 Häuserblöcken eine komplette Straße, wer dort seinen Namen im Asphalt findet, der hat es geschafft. Mehr als 2000 Sterne zieren inzwischen die Strecke zwischen Yucca Street und Sunset Boulevard, Burt Lancaster gehörte zu den ersten Namen auf den Messingsternen. Eingeführt wurden sie im Jahre 1958, um der Stadt Hollywood eine touristische Aufwertung zu geben. Hier sollten Menschen, die auf den Spuren der Stars wandelten, tatsächlich auch Erinnerungen der Filmgrößen finden. Damit die Messingplatten strahlen wie am ersten Tag, hat sich inzwischen eine Bürgerinitiative gebildet, die die Platten regelmäßig auf Hochglanz poliert.

# LOS ANGELES: UNIVERSAL STUDIOS

Echte Rennautos kleben senkrecht an der Hausfassade, wenig später taucht King Kong hinter der Balustrade auf und hinter der Idylle im Palmengarten verbergen sich gefährliche Dinosaurier. Rund um die Studios der Filmfirma Universal betreten die Besucher die Welt der Illusion. Das Gelände, das 1912 noch eine große Hühnerfarm war, öffnete schon zu Stummfilmzeiten seine Studios für Besucher. Bei den späteren Tonaufnahmen allerdings mussten die Zuschauer fernbleiben. Erst 1964 öffnete sich die Fabrik der Träume wieder für Gäste und Rundfahrten. Heute explodieren dort Holzfestungen aus dem Klassiker »Waterworld« in getakteter Regelmäßigkeit, Erdbeben werden simuliert und eine Bahn durchfährt einen dreidimensionalen Simpsons-Film. Von der Tiershow über Achterbahnfahrten bis hin zu einem reich bestückten Filmmuseum reicht das Angebot des Freizeitparks.

# ANAHEIM

Einst als Farmsiedlung deutscher Aussiedler gegründet, erinnert nur noch das »Heim« im Namen an den europäischen Ursprung. Vom beschaulichen Weinbaugebiet in den 1880er-Jahren hat sich Anaheim in ein sehr amerikanisches Fleckchen Erde verwandelt: Seit 1955 beherrscht einer der größten Vergnügungsparks der Welt die Szenerie, damals baute Walt Disney hier sein erstes Disneyland auf. Ursprünglich nur als amerikanische Kleinstadt im Stil des endenden 19. Jahrhunderts angelegt, hat sich der Park inzwischen auf acht unterschiedliche Themenbereiche vergrößert. Cinderellas Märchenschloss glitzert mit seinen Türmchen dort in der Sonne und die zahlreichen Paraden der mehr als 100 Disneyfiguren erfreuen nicht nur Kinder. Das einstige Dörfchen Anaheim hat sich inzwischen so ausgedehnt, dass es kaum noch von den Stadtgrenzen Los Angeles zu trennen ist.

# LONG BEACH

Palmen beschatten lange Promenaden, Segelschiffe schaukeln vor Wolkenkratzern – auf den ersten Blick wirkt Long Beach wie eine beschauliche Ferienstadt. Doch wer einmal die Vincent Thomas Bridge passiert hat und eine ganze Region voller Container, Lastenkräne und Schiffsgiganten gesehen hat, der ahnt, dass Long Beach nicht nur hübsch ist – im zweitgrößten Hafen der USA werden jährlich Güter im Wert von 95 Milliarden Dollar umgeschlagen. Dank dieses Wirtschaftsmotors konnte Long Beach sich zu einem Schmuckstück herausputzen. Zu den Sehenswürdigkeiten zählt die Walter Pyramid, unter deren Dach sich ein Sportstadion befindet. Das Museum of Art sowie die Philharmonie bereichern das kulturelle Angebot, ein Seewasseraquarium erfreut Familien. Weitere Höhepunkte sind die Marina und die zu einem Hotelschiff umgebaute Queen Mary.

# YOSEMITE NATIONAL PARK

Der Yosemite-Nationalpark gehört zu den eindrucksvollsten und beliebtesten Naturschutzgebieten des amerikanischen Westens und wird vor allem im Sommer viel frequentiert. Besonders im Yosemite Valley, mitten in einem der waldreichsten Gebiete der Sierra Nevada gelegen, tummeln sich die Besucher. Der malerische Merced River durchfließt das Talbecken. Bis zu 1500 Meter ragen die Granitwände der umliegenden Felsen empor.

»O-ha-mi-te« nannten die Indianer das zauberhafte Tal: das »Tal der Bären«. Daraus wurde dann schließlich Yosemite. Der Gedanke, das Yosemite Valley unter Naturschutz zu stellen, kam schon Frederick Law Olmsted, Schöpfer des New Yorker Central Parks. Aber erst der Naturzschutzpionier John Muir brachte die Regierung 1890 dazu, den Yosemite-Nationalpark zu gründen. Sein Name steht auch für den Schutz der Mammutbäume.

# KINGS CANYON NATIONAL PARK

Amerikas »Tal der Könige« südöstlich von San Francisco hat seinen Namen zwar vom Kings River, der den Canyon durchfließt. Doch passt er auch zu den heimlichen Regenten des Parks: den Riesenmammutbäumen oder Sequoias. Die gigantischen Pflanzen reichen bis 80 Meter in den Himmel, höher sind nur noch die verwandten Redwood-Bäume. Erst seit 1943 sind die enormen Bäume durch den fast 1900 Quadratkilometer großen Nationalpark geschützt. Zuvor versuchten sich Holzfäller in Schnell-Fäll-Wettbewerben an ihnen – obwohl das weiche Holz zum Bauen völlig ungeeignet ist. Heute erobern Besucher die vielfältige Landschaft auf Wanderwegen: von blühenden Bergen zu verschneiten Gipfeln, von dichten Nadelwäldern bis zu Wüste im trockenen Tal. Zwischen dem tiefsten und dem höchsten Tal des Parks liegen mehrere Tausend Höhenmeter.

# SEQUOIA NATIONAL PARK

Schon seit 1890 besteht der Sequoia-Nationalpark, der südlich an den Kings Canyon anschließt. Er beherbergt einen ganzen Wald der namensgebenden Riesenmammutbäume, den »Giant Forest«. Von jung bis alt sind die himmelstrebenden Pflanzen in allen Wachstumsphasen zu finden. Hier steht auch das größte Lebewesen der Welt: Der »General Sherman Tree« mit seinem enormen Stamm erreicht ein Holzvolumen von fast 1500 Kubikmetern. Auf 2000 Jahre wird der alte Riese geschätzt, theoretisch könnte er noch 4000 Jahre erreichen. In den Wäldern und dem vielfältigen Hinterland im 3500 Quadratkilometer großen Park leben auch Berglöwen und Schwarzbären, Maultierhirsche, Kojoten und Stachelschweine. Greifvögel kreisen in der Höhe, während Singvögel – und acht Arten von Fledermäusen – den Besuchern deutlich näher kommen.

# MONO LAKE

Von oben betrachtet, ist er beinahe rund: der Mono Lake direkt im Osten des Yosemite-Parks, am Rande der Sierra Nevada. Benannt ist der salzige Natronsee nach dem einst hier ansässigen Volk der Mono. Wie das Tote Meer hat auch er keinen Abfluss, sein Wasser kann nur verdunsten und ist obendrein besonders alkalisch. Entsprechend bevölkern ihn nur hoch spezialisierte Arten – kleine Salzwasserkrebse etwa gedeihen und locken wiederum die seltene Kaliforniermöwe, Seeregenpfeifer und viele Zugvögel an. Die eiweißreichen Maden der hiesigen Salzfliegen aßen sogar die Ureinwohner der Region. Berühmter aber sind die skurril geformten Tuffsteintürme am Ufer des Sees, die unter Wasser entstanden und 1941 bei einer Wasserspiegel-Absenkung trockenfielen. Die Natur rund um den See ist als State Reserve und als Teil des Staatswalds geschützt.

# BODIE GHOST TOWN

Als wären die Bewohner nur mal eben weggegangen, hat sich die Geisterstadt Bodie erhalten: Hier stehen Oldtimer an der Zapfsäule alter Tankstellen, Wohnzimmer aus dem 19. Jahrhundert sind komplett eingerichtet zu finden. In den Vorgärten allerdings rosten die Autos vor sich hin und Gras wuchert über einstige Grundstücksgrenzen. Bodie gehört zu den berühmtesten Geisterstädten Kaliforniens. Was in Western filmisch aufbereitet wird, stand hier tatsächlich auf der Tagesordnung. Jeden Tag soll es zu Schießereien auf der Straße gekommen sein. Der heute verlassene Ort galt 1880 als kriminellste Stadt des US-Westens. Damals wohnten dort etwa 10000 Menschen, die meisten von ihnen versuchten ihr Glück in den Gold- und Silberminen. Saloons, Brauereien, Freudenhäuser und sogar ein eigenes Chinatown prägten den Ort in den Hügeln.

# ALABAMA MOUNTAINS & OWENS VALLEY

Wenn über den Bildschirm ein amerikanischer Western flimmert, bestehen große Chancen, dass er in den Alabama Hills gedreht wurde. Auch Filme wie »Star Trek Generations« oder »Gladiator« sind in der archaischen Felslandschaft entstanden. Die runden Hügel zeichnen einen reizvollen Kontrast zu den schroffen Gipfeln der nahen Sierra Nevada im Westen. Am beeindruckendsten sind aber wohl die zahlreichen Felsbögen, die Wind und Wetter aus dem Granit herausgearbeitet haben. Von mehreren Straßen aus sind sie auf kurzem Fußweg zu erreichen – besonders der Lathe Arch, der Mobius Arch und das Eye of Alabama. Rund 500 Meter tiefer liegt das Owens Valley, das tiefste Tal der USA, gemessen zwischen dem Gipfel des Mount Whitney und dem Talboden bei Lone Pine. Hier haben erste Ureinwohner schon vor acht Jahrtausenden ihre Spuren hinterlassen.

# INYO NATIONAL FOREST

Inyo heißt »Wohnort des Großen Geistes« – vielleicht, weil der gleichnamige Staatswald auch den Mount Whitney berührt, den mit 4421 Metern höchsten Gipfel der USA ohne Alaska. Möglich ist aber auch, dass der »Hain der Methusaleme« gemeint ist, der Methuselah Grove. Dieser Wald besteht aus den ältesten Bäumen der Welt, mehr als vier Jahrtausende alten langlebigen Grannenkiefern, die auf knapp 3000 Meter Höhe wachsen.

Auch »Methuselah« selbst, der auf rund 4800 Jahre datierte vermutlich zweitälteste Baum der Welt, reckt seine knorzigen, teilweise verdrehten hellen Äste in den Himmel. Hier dürfte sich ein Großer Geist wohlfühlen. Unzählige Besucher tun es jedenfalls und folgen hier einem Rundwanderweg. Auch zahlreiche andere Wilderness Areas im Inyo National Forest sind seit 1907 geschützt und nur zu Fuß oder hoch zu Ross zu erobern.

# DEATH VALLEY NATIONAL PARK

Das berühmt-berüchtigte Death Valley, das »Tal des Todes«, erstreckt sich ganz im Osten Kaliforniens auf einer Fläche von rund 13 000 Quadratkilometern. Es umfasst die Wüstentäler zwischen der Panamint und der Amargosa Range. Im Sommer werden dort Temperaturen von über 50 Grad Celsius gemessen. Seit 1994 ist das Gebiet Nationalpark. Die ersten Weißen, die das Tal betraten, wären beinahe darin umgekommen. Sie gehörten zu einem Wagenzug, der 1849 zu den Goldfeldern von Kalifornien unterwegs war. Sie nahmen eine vermeintliche Abkürzung und strandeten in der glühenden Hitze. 20 Tage harrten sie aus, dann wurden sie gerettet. »Good-bye, Death Valley!«, soll einer der Siedler gerufen haben – daher der Name des Tals. Auch heute noch ist bei einer Durchquerung äußerste Vorsicht geboten. Ausreichende Trinkwasservorräte sind lebensnotwendig.

# RED ROCK CANYON STATE PARK

Senkrecht ziehen sich tiefe Scharten und Rinnen die Felswände des Canyons entlang, sodass sie bei hartem Schatten wie scharfe Zähne wirken. Für die Farbvielfalt der spektakulären Formationen sind hingegen die waagerecht übereinander getürmten Gesteinsschichten verantwortlich: Das Rot, das dem Canyon seinen Namen gab, wird immer wieder von weißen, beigefarbenen oder grauen Schichten abgelöst – manche sind sogar deutlich pastellgrün und bringen die Kameras der meisten Besucher zum Klicken. Jeder der Seitenarme des 110 Quadratkilometer großen Wüstengebiets bietet andere Farben und Formen. Nur zwei Autostunden nördlich von Los Angeles gelegen, lockten die selbst in Schwarz-Weiß ansehnlichen Felsen schon früh auch die Filmschaffenden an. 1932 bildeten sie den Hintergrund für »Die Mumie«, später gefolgt von »Zorro«, »Airwolf« und »Jurassic Park«.

# ANTELOPE VALLEY

Antilopen leben kaum mehr im Antelope Valley, die einst zahlreichen Gabelböcke starben um 1900 beinahe aus. Doch das Tal an der Westspitze der Mojave-Wüste ist berühmt für seine Pflanzenvielfalt, von der knorrigen Josua-Palmlilie bis zu Wildblumen. Am bekanntesten ist der Kalifornische Mohn, die offizielle Blume des Bundesstaates. In Jahren mit ausreichend Regen überziehen Milliarden gelb-orange-roter Blüten die Hänge und Kuppen des Tals, von Mitte Februar bis Mitte Mai. Selbst starke Dürrezeiten kann dieser Mohn als Samen gut überstehen. Für seinen Schutz im bevölkerten Tal sorgt das knapp sieben Quadratkilometer große Antelope Valley California Poppy Reserve. Der Wüstenflora und dem Hügelland rund um den Saddleback Butte widmen sich zwei weitere kleine State Parks, das Erbe der Ureinwohner hält der Indian Museum State Historic Park lebendig.

# LA JOLLA

Die ockerfarbene Steilküste schichtet sich wie Blätterteig vor dem Sandstrand auf. Unermüdlich haben die Wellen Bögen und Höhlen in die Steine gefressen. La Jolla liegt 20 Kilometer vor San Diego, gesäumt von Palmenstränden und Steilküste. Über dem türkisgrünen Wasser thronen edle Villen im spanisch-mexikanischen Baustil, eindeutige Zeugen, dass La Jolla zu den Wohnorten wohlhabender Amerikaner gehört. Ein verschlafenes Rückzugsstädtchen ist es aber keineswegs, dafür sorgen die knapp 30 000 Studenten der University of California. Architektonischer Höhepunkt auf dem Campus ist die Geisel-Bibliothek – zu Ehren des großen Kinderbuchautors Theodor »Dr. Seuss« Geisel – ein riesiges Schiff aus Beton und Glas. Kunstinteressierte kommen in das Museum of Contemporary Art, Naturfreunde freuen sich über die Seehunde, die sich am Stadtstrand sonnen.

# SAN DIEGO

San Diego liegt an der mexikanischen Grenze im Süden von Kalifornien und gehört zu den bedeutendsten Hafenstädten der USA. Wegen der durchschnittlich 300 Sonnentage pro Jahr wird die Stadt besonders von Sportlern geschätzt; überall wird gejoggt und geturnt, und in der Mission Bay leuchten die Segel vieler Boote. Die Stadt entstand in unmittelbarer Nachbarschaft der Mission San Diego de Alcala, die bereits 1769 gegründet wurde. Um 1821 entstanden die ersten Wohnhäuser. Old Town, die spanische Altstadt, erinnert an die Gründerzeit. Das moderne San Diego wurde von dem Finanzier Alonzo Horton als Ferienparadies konzipiert und auf dem Reißbrett geplant. In den 1980er-Jahren erhielt die Innenstadt ein modernes Facelifting. Die Horton Plaza, ein modernes Einkaufszentrum im Stile eines spanischen Dorfes, erinnert an den Städteplaner.

# JOSHUA TREE NATIONAL PARK

Vor allem in der Dämmerung wirken die berühmten Joshua Trees – auf Deutsch Josuabaum oder Josua-Palmlilie – tatsächlich wie große Menschen, die ihre Arme flehend in den Himmel strecken. Diesen Eindruck hatten die tiefgläubigen Mormonen, als sie in dieser Wüste bei Palm Springs die Silhouette des biblischen Helden Josua zu sehen glaubten. Die Pflanzen erreichen hier bis zu 15 Meter Höhe und ein Alter von mehr als 900 Jahren.

Das Trockengebiet, in dem sie so ungewöhnlich häufig wachsen, wurde bereits 1936 zum Schutzgebiet und 1994 zum Nationalpark erklärt. Auf mehr als 3200 Quadratkilometern umfasst er heiße, karge Colorado-Wüste und die höher gelegene kühlere Mojave-Wüste. Vor allem im Frühjahr lockt der Park Besucher, wenn zwischen Kakteen große Wildblumenwiesen erblühen und die Joshua Trees ihre kugeligen Blütenstände enthüllen.

Es wirkt wie eine Fata Morgana: Mitten in der Colorado-Wüste erscheint plötzlich ein Binnenmeer. Der Saltonsee misst rund 1000 Quadratkilometer Fläche und liegt wie ein Spiegel in der platten Landschaft. Während Pelikane malerisch im Wasser fischen, trügt doch die Idylle, denn das Ökosystem des Sees droht immer wieder zu kippen. Da das Gewässer über keinen Abfluss verfügt, steigt der Salzgehalt stetig und liegt heute schon 30 Prozent

über dem des Pazifiks. Düngemittel der umliegenden Felder erhöhen zudem die Werte und sorgen für Algenblüte und Fischsterben. Das wiederum bedroht auch die anderen Tiere. Dennoch ist das Gewässer ein einmaliges Biotop und bietet Vögeln wie der Schneegans, dem Schwarzhalstaucher oder dem Weißkopfseeadler ein wichtiges Rückzugsgebiet. Überlegungen, wie das Ökosystem zu retten ist, lauten noch.

# SALTON SEA

# MOJAVE NATIONAL PRESERVE

Nur dem flüchtigen Blick bleibt die Schönheit und Vielfalt der Mojave-Wüste verborgen. Mit etwas mehr Zeit zeigt sich in der Einsamkeit der scheinbaren Ödnis eine unerwartete Vielfalt. Auf dem Weg zwischen Los Angeles und Las Vegas beherbergt das 1994 ins Leben gerufene Mojave National Preserve Canyons und Tafelberge, singende Sanddünen und bizarre Vulkanschlacke-kegel. Der Hole-in-the-Wall-Canyon wirkt wie ein versteinerter Schweizer Käse. Wälder von Josua-Palmlilien oder auch große Mojave-Kakteen stecken ihre Arme in den Himmel – je nach Höhenlage in dem bergigen Gebiet. Ganz unten liegen eine fast kahle Salzpfanne und ein Trockental. Dennoch leben hier zahlreiche Tierarten: vom Dickhornschaf und Eselhasen über Klapperschlangen und Echsen bis zu bunten Zugvögeln. Die meisten Besucher befahren im Allradwagen die historische Mojave Road.

# ALASKA

Alaska, aleutisch für das »Land, in dessen Richtung der Ozean strömt«, klingt nach Bergen und Wasser, nach Mitternachtssonne und Wildnis, nach Goldrausch und Jack London. Einst Teil des russischen Zarenreichs, wurde Alaska 1959 zum 49. Bundesstaat der USA. Heute teilen sich die nur 700 000 Bewohner die Landschaft mit Elchen, Bären, Karibus, Moschusochsen und Wölfen, mit Walen, Lachsen und einer Vielzahl an Seevögeln. Als »letzte große Wildnis« lockt der äußerste Norden der USA Abenteuerlustige. Zwischen Gletschern und Fjorden erleben sie ungezähmte Natur.

# CHUKCHI SEA

Eiskalt ist sie, weil ziemlich flach – die Tschuktschensee, der östlichste Rand des Nordpolarmeeres, ist im Schnitt nur 77 Meter tief. Das Meer an der Nahtstelle von Asien und Amerika verdankt seinen Namen den Tschuktschen: einem indigenen ostsibirischen Volk, das bis heute traditionell von der Rentierzucht und der Robbenjagd lebt und Hundeschlitten zur Fortbewegung nutzt. Im Norden geht die Tschuktschensee in das Eismeer über. Schiffbar ist ihr Wasser frühestens ab Juli und ab Anfang Oktober beginnt es wieder großflächig zu gefrieren. In der restlichen Zeit beherrscht dickes Eis die Landschaft und bietet damit Eisbären einen idealen Lebensraum. Von diesen größten aller Landraubtiere lebt hier beinah ein Zehntel, rund 2000 Exemplare. Sie teilen sich Küste und Meer mit großen Herden von Pazifischen Walrossen. Wer sie im Wasser erlebt hat, hält sie nicht mehr für plump.

# NUNIVAK ISLAND

Die berühmtesten Bewohner der Insel Nunivak haben zwei Hörner und ein zottiges Fell: Vor gut hundert Jahren waren die Moschusochsen hier ausgerottet, doch um 1935 gelang es, grönländische Tiere auf der achtgrößten Insel der USA wieder anzusiedeln. Mehr noch: Von hier aus verbreiteten sie sich entlang der arktischen Küste und bilden heute wieder eine stabile Population. Die bis zu 1,50 Meter großen Tiere teilen sich die Tundra mit Ren-

tieren, die man hier ebenfalls – nach Ausrottung der letzten Karibu-Herde – erfolgreich wieder einbürgerte. Birken und Weiden, Sauer- und Süßgräser, Flechten und Moose bieten ein reichhaltiges Nahrungsangebot. In mehr als 40 Flüssen und zahlreichen Lagunen finden See- und Wasservögel hervorragende Brutbedingungen. Von Menschen werden sie kaum gestört: Nur gut 200 Inuit leben im Dorf Mikuryamiut im Norden des Eilands.

# PRIBILOF ISLANDS

Etwa 300 Tage im Jahr hüllt sich die Inselgruppe Pribilof in dichten Nebel. Neben den beiden bewohnten Inseln St. Paul und St. George – wo zusammen rund 600 Menschen leben – gehören die drei kleinen Inseln Otter, Walrus und Sea Lion Rock dazu. 1867 kauften die USA die baumlosen Eilande zusammen mit Alaska von Russland ab. Sie erstrecken sich insgesamt auf rund 200 Quadratkilometer. Kolonien von silbergrauen Pelzrobben bevölkern die Küstenstreifen, Polarfüchse streifen durch die Tundra. Zudem leben hier rund eine Million Nördliche Seebären. Diese Robbenart war zwischen 1890 und 1910 fast ausgerottet worden. Seit 1966 ist der kommerzielle Robbenfang verboten und auch die Inuit dürfen nur 1000 Tiere im Jahr töten. Bemerkenswert ist die Vogelwelt Pribilofs: Neben 120 nur hier lebenden Arten kommen jährlich weitere zwei Millionen Vögel zum Brüten.

# ALEUTEN

Wie ein langer Schwanz zieht sich die Inselreihe der Aleuten von Alaskas Festland weit in die nordpazifische Beringsee hinein. 1750 Kilometer lang ist die bergige Kette aus exakt 162 amerikanischen und russischen Vulkaninseln – den Fox Islands, den Islands of Four Mountains, den Andreanof Islands, den Rat Islands und den Near Islands. Sie sind Teil des pazifischen Feuerrings und noch heute aktiv. So spuckte etwa der 1573 Meter hohe Mount Gareloi zuletzt im Jahr 1996 Asche in den Himmel. Allen Inseln gemein ist, dass im sonnenarmen, feuchten Klima der Berge nur eine magere Vegetation gedeiht, die vor allem aus Flechten, Gräsern und Moosen besteht. In der kargen Landschaft leben deshalb auch kaum Säuger. Nur einige Nager wie Murmeltiere können überleben. Ausgesprochen reich ist aber die Vielfalt im Wasser, von Walen und Seelöwen bis zu Robben und Ottern.

# AUGUSTINE ISLAND

Die Vulkaninsel vor der Südküste Alaskas im Cook Inlet liegt etwa 300 Kilometer von Anchorage entfernt und ist unbewohnt. Dominiert wird das Eiland von dem 1200 Meter hohen und aktiven Vulkan Augustine, der sozusagen die Insel selbst ist, beziehungsweise dessen Eruptionsmaterial große Teile der Insel bilden. Der Schichtvulkan, ein aus Lavalagen und Ascheschichten aufgebauter Vulkan, brach 1976 und 1986 – mit einem immensen Ascheregen –, 1994 sowie in den Jahren 2005 sowie 2006 mit unterschiedlicher Heftigkeit aus. Auch im Jahr 2007 ließ er die Erde der Region erzittern. Die ältesten Gesteinsfunde am Mount St. Augustine sind 40 000 Jahre alt und wohl in wahren Geröll-lawinen vom Vulkan heruntergerollt. Der schöne, schroffe und dynamische Riese steht unter Beobachtung, da er ein sehr aktiver Vulkan innerhalb der Aleutenkette im Pazifik ist.

# ROUND ISLAND

Round Island ist eine von sieben Felsinseln in der Bristol Bay Alaskas, die als »Walross-Inseln« bekannt und schon seit 1960 als Wildschutzgebiet ausgewiesen sind. Denn wenn im Frühjahr das Packeis schmilzt, zieht es die Meeressäuger an die flachen Ufer dieser schroffen Eilande, und hier kommt eine der größten Konzentrationen Pazifischer Walrosse zusammen. Die Tiere pausieren zwischen langen Beutetouren im Meer regelmäßig an den schmalen Ufern der Insel. Zwar schwanken die Zahlen je nach Jahr und Jahreszeit, doch wurden um Round Island bis zu 14 000 dicht aneinandergedrängte Walrosse an einem Tag gezählt. Auch mit Booten darf niemand dicht heran, um die Population nicht bei der Aufzucht ihrer Jungen zu stören. Von dem Schutzstatus profitieren auch Papageitaucher und Seelöwen, die hier in den Gewässern reichlich Nahrung finden.

# YUKON-DELTA

Das verfluchteste aller Länder sei der Yukon, ein hartes, menschenleeres Land mit Tälern, in dem die Berge keine Namen trügen. So beschrieb der englische Dichter Robert Service im frühen 20. Jahrhundert anfänglich die grandiose Ödnis, die der Yukon River im Nordwesten Kanadas und in Alaska durchquert. Die Gier nach Gold hatte Service hierher gebracht, und er blieb, weil er sich in die unfassbare Anmut der Region verliebte. Wir verdanken ihm einige der schönsten Gedichte über den gewaltigen rauschenden Strom, der im Winter zu einer Ader aus Eis erstarrt. Jede Bewegung liegt dann unter einer dicken Eisdecke begraben. Das lebensfrohe Farbenspiel des Sommers weicht endloser Fahlheit. Und die wenigen Menschen hier sagen, die Ruhe ließe einen glauben, sein Gehör verloren zu haben. Im Frühling aber erwacht das Land wieder zu Leben.

# GATES OF THE ARCTIC NATIONAL PARK

Der Sommer ist nördlich des Polarkreises ein kurzer rauschhafter Moment, in dem sich Pflanzen und Tiere so gierig mit Kraft und Energie vollsaugen, dass sie eine Landschaft aus bestürzender Farblosigkeit zurücklassen, eine Welt wie eine leere Hülle. Und so intensiv wie im Nationalpark Gates of the Arctic im Norden Alaskas ist dieser Rausch kaum irgendwo sonst auf Erden. Hier hat die Natur die unglaublichsten Techniken entwickelt, um der extremen Kälte in den endlosen Wintern zu widerstehen. In dieser lebensfeindlichen Umgebung lebt ein Frosch, der sich für acht Monate tieffrieren lassen kann, in dieser Zeit nicht atmet und keinen Herzschlag hat, um dann bei den ersten warmen Strahlen des Frühlings aufzutauen. Und die Moschusochsen suchen nicht etwa Schutz, sondern weiden im offenen Gelände, weil nur der Wind dann die Gräser von Schnee und Eis befreit.

# DENALI NATIONAL PARK

Wie reagiert man, wenn man in freier Wildbahn einem Bären begegnet? Die Verwaltung des Denali-Nationalparks im Herzen Alaskas weiß Bescheid: Keinesfalls wegrennen, denn Grizzlybären erreichen Spitzengeschwindigkeiten von 50 Stundenkilometern; stattdessen langsam rückwärts gehen und mit tiefer Stimme beruhigend auf den Bären einreden, dabei mit den Armen über dem Kopf wedeln; geht der Bär zur Attacke über, soll man sich auf den Boden werfen, zusammenkauern und tot stellen; lässt er dann immer noch nicht von einem ab, muss man um sein Leben kämpfen. So gewappnet, kann nichts mehr schiefgehen im riesigen Denali-Nationalpark, dem vielleicht schönsten Schutzgebiet Alaskas, das die Heimat von Hunderten Bären ist und den Namen des höchsten Gipfels in Nordamerika trägt, des majestätischen Denali, der die Alaska Range wie ein Herrscher krönt.

# KATMAI NATIONAL PARK

Im Jahre 1912 kam es zu einem der heftigsten Vulkanausbrüche, den die USA bis dahin erlebt hatten. Inmitten einer wilden und zum Teil noch unerforschten Natur im Südwesten Alaskas schleuderte der Novarupta ungeheure Mengen Asche in die Luft. Die Sonne verschwand hinter einem dunklen Schleier, und der gesamte Kontinent kühlte so stark ab, dass sogar in weit entfernten Staaten die Temperaturen sanken. Zurück blieb ein mehr als 20 Kilometer langer, sieben Kilometer breiter und 200 Meter tiefer Lavastreifen, aus dessen Spalten ein extrem heißer Dampf aufstieg, der sogar Zink zum Schmelzen brachte: das «Valley of Ten Thousand Smokes», das "Tal der zehntausend Rauchsäulen". Heute sind nur noch wenige dieser Rauchsäulen im Katmai-Park zu sehen. Stattdessen warten von pinkfarbenen Weideröschen bestandene Wiesen und Canyons auf Besucher.

# KENAI FJORDS NATIONAL PARK

Schon vom Flugzeug aus sieht man die zerklüfteten Fjorde: Gewaltige Eismassen bedecken das über 2700 Quadratkilometer große Gebiet des im Jahre 1980 gegründeten Nationalparks. Das Harding Icefield ist ein Überbleibsel aus der Zeit, als Alaska noch zur Hälfte von einer dicken Eisschicht bedeckt war, und das größte Gletscherfeld, das komplett in den USA liegt. Die dort aufragenden Spitzen werden von den Inuit »nunataks« genannt,

»einsame Berggipfel«. Der überwiegende Teil des Parks besteht aus üppiger Natur mit überwältigendem Tierreichtum. Über 9000 Elche, viele Karibus, Bergziegen, Kojoten, Bären, Luchse und Biber leben hier. Seit 1960 bevölkern auch wieder Wölfe den Park. Im Meer tummeln sich zahlreiche Buckelwale und Orcas, Seelöwen, Robben und Seeottern beleben mit über 100 Seevogelarten die Küstengewässer.

# CHUGACH STATE PARK

Berge, Flüsse, Täler und Seen, dazu Elche, Bären und Lachse – im Chugach State Park ist Alaska ganz genau so, wie man sich die Natur hier landläufig vorstellt. Wölfe streifen durch die Wälder, mit etwas Glück sieht man einen Seeadler oder Luchs. Auf gut gekennzeichneten Wanderwegen lässt sich der beliebte, nach einem Inuitvolk benannte Park bequem erkunden. Campingplätze bieten die Möglichkeit, auch mehrere Tage zu bleiben. Östlich von Anchorage gelegen, erfreut sich das erst 1970 gegründete Schutzgebiet vieler Besucher, die der Stadt für ein paar Tage entfliehen und Natur pur erleben wollen. Beliebt sind Wandertouren zu einem der Gletscher, aber der Park bietet noch viele weitere sportliche Aktivitäten: klettern und Mountainbiken, Reiten und Raften gehören zu den Favoriten – und im Winter Touren per Schneemobil oder Schneeschuh.

# GLACIER BAY NATIONAL PARK

Der Glacier-Bay-Park, ein grenzüberschreitendes Weltnaturerbe, ist ein perfektes Beispiel dafür, wie schnell sich die Natur verändern kann. Vor knapp 250 Jahren war von der Bucht noch kaum etwas zu sehen – eine massive Eiswand verschloss den Zugang zu dem Gletscherparadies. Innerhalb von 100 Jahren verschob sich die Eiswand dann um 70 Kilometer landeinwärts. Der Naturschützer John Muir schrieb im Oktober 1879 in sein Tagebuch: »Hier lernt man, dass sich die Erde immer noch verändert, dass wir uns immer noch am Morgen der Schöpfung befinden; dass Berge geboren werden; dass Erde für zukünftige Pflanzen gerade erst aufgeworfen wird; dass eine Landschaft der anderen folgt in einem endlosen Rhythmus und endloser Schönheit.« Sieben Gletscher reichen bis an die Küste und kalben ins Meer. Auch Glacier Bay wurde 1980 zum Nationalpark erklärt.

# INSIDE PASSAGE

Zwischen rund tausend großen und kleinen Inseln ist die »Innere Passage« ein stark frequentierter Seeweg vor der Westküste Alaskas und Kanadas – »innen entlang« fahren Schiffe zwar langsamer, aber deutlich geschützter als auf dem offenen Meer. Die vielfältige Inselandschaft liegt rund 800 Kilometer lang und 160 Kilometer breit vor Alaskas Küste, noch einmal so groß ist der kanadische Teil. Erste Forscher aus Europa und Russland besuchten und kartografierten die Passage Ende des 18. Jahrhunderts, kurz danach begannen europäische Einwanderer in der Region zu siedeln. Heute ist die Inside Passage trotz intensiven Schiffsverkehrs auch bei Kanuten sehr beliebt, die die Fjorde paddelnd entdecken. Und mit der »Passage nach Juneau« setzte der Autor Jonathan Raban der wilden Landschaft ein literarisches Denkmal aus Seglersicht.

# WRANGELL-ST. ELIAS NATIONAL PARK

Diese Wildnis im südöstlichen Alaska sucht ihresgleichen: Zusammen mit dem kanadischen Kluane-Nationalpark, der jenseits der Grenze im Yukon-Territorium liegt, wird Wrangell-St. Elias seit 1980 als größter Nationalpark der USA von der UNESCO als Weltnaturerbe geführt. Zudem ist er auch einer der schönsten. Hier gibt es eine riesige Ansammlung hoher Berge, darunter den Mount St. Elias – mit 5489 Metern der zweithöchste Berg der USA nach dem Mount McKinley (auch Denali genannt, 6194 Meter). In diesem Naturschutzgebiet bilden mehr als 100 Gletscher das größte Eisfeld südlich des Polarkreises. Mit dem Malaspina-Gletscher liegt hier sogar der größte Vorlandgletscher der Welt. Die Landschaften sind geprägt von einer verwegenen Bergwildnis mit eindrucksvollen Schluchten und reißenden Flüssen, in der es kaum menschliche Spuren gibt.

# HAWAII

Die pazifische Inselkette Hawaii gehört seit 1959 zu den USA. Mit seinen polynesischen Wurzeln hat sich der 50. Bundesstaat seine eigene Kultur erhalten, die vor allem von Gutmütigkeit und Langmut geprägt ist. Der legendäre Surf-Spirit stammt von hier, und jährlich mehr als sechs Millionen Besucher wollen den traditionellen Tanz Hula sehen. Hawaii trägt den Beinamen »Aloha-Staat«, denn der Gruß umfasst die typische Freundlichkeit der Hawaiianer. Wahrzeichen der Hauptstadt Honolulu ist der Aloha Tower – und am »Aloha-Freitag« tragen selbst Geschäftsleute Hawaiihemd.

# BIG ISLAND: HAWAII VOLCANO NATIONAL PARK

Der von der UNESCO als schützenswertes Erbe der Welt eingestufte, 1916 gegründete Nationalpark liegt im Südosten der Insel und umfasst einen Teil des Mauna Loa, den immer noch aktiven Krater des Kilauea sowie Teile der zerklüfteten Küste. Der Park bedeckt eine Gesamtfläche von 1309 Quadratkilometern. Die 16 Kilometer lange Straße Crater Rim Drive führt um den Krater des Kilauea herum; die Chain of Craters Road windet sich an zahlreichen kleinen Kratern vorbei zur Küste hinab und endet in angemessener Entfernung vor der fließenden Lava. Viele Aussichtspunkte ermöglichen einen guten Einblick in die tiefer liegenden Vulkankrater. Der schweißtreibende Kilauea Iki Trail führt sechs Kilometer durch tropischen Regenwald in den kleinen Krater hinein. Der insgesamt 25 Kilometer lange Trail geht sogar bis zum Gipfel des Mauna Loa hinauf.

# BIG ISLAND: HAMAKUA COAST

Weite Sandstrände sind hier nicht zu finden, denn an der 80 Kilometer langen Hamakua-Küste im Nordosten von Big Island reicht die dichte tropische Pflanzenwelt bis ans Meer heran. Die Hänge um den Vulkan Mauna Kea sind steil und tropische Nordostwinde bringen viel Regen mit sich – so hat sich die Erosion hier tief ins Gestein gefressen und zahlreiche Täler und schroffe Klippen erschaffen. Einige der Wanderpfade der Hamakua Coast gelten fast schon als Kletterstrecken. Angenehm schlendern aber lässt es sich im Akaka Falls State Park: Die Straße dorthin führt durch alte Zuckerrohrplantagen, die auf dem fruchtbaren vulkanischen Boden einst gute Erträge lieferten. Heute kommen Besucher meist wegen des üppigen Regenwaldes und den Wasserfällen in den Park: dem schmalen, 129 Meter hohen Akaka Falls und den breiten Kahuna Falls.

## MAUI: HANA COAST

Eine wild-exotische Landschaft wie aus dem Bilderbuch – tosende Wasserfälle, schwarzsandige Strände und üppiger Regenwald. Die Küstenlandschaft Hana auf Maui lässt sich bestens mit dem Auto entdecken: auf der einen Straßenseite unberührter und saft-grüner Dschungel mit Bambusstauden und Obstbäumen, auf der anderen Seite die Küste, wo azurblaue Wellen an feinsandige, oft schwarze Strände rauschen. Der Hana-Highway windet sich kurvenreich über insgesamt 59 Brücken an der schroffen Küste entlang. Nach jeder Biegung eröffnet er neue Perspektiven. Hie und da bieten Straßenhändler frische Mangos oder Kokosmilch an. Wer mehr lokale Produkte kaufen will, stoppt im Örtchen Hana ganz im Osten der Insel – am legendären »Hasegawa General Store«. Familiengeführt seit 1910, ist der urige Gemischtwarenladen heute auch über Hawaii hinaus bekannt.

# MAUI: HALEAKALA NATIONAL PARK

Buntes Gestein in malerischen Lava-Formationen ziert den Vulkankegel des mächtigen Haleakala – sofern man es unter dichter Vegetation noch erkennen kann. Denn seit der Berg im Jahr 1790 das letzte Mal Feuer spuckte, hat die Flora das Gelände im Osten der Insel Maui zurückerobert. Der 188 Quadratkilometer große Nationalpark reicht von der bergigen Gipfellandschaft auf bis zu 3055 Meter Höhe bis hinunter zur Felsenküste Kipahulu. Ein großer Teil ist kaum berührte Wildnis, in »Hosmer's Grove« hingegen stehen Baumarten aus aller Welt. Lange Wanderungen sind beliebt, selbst im Inneren des enormen Kraterrings führen mehrere Pfade durchs biologisch-geologische Farbenspiel. Bunt schillernde Türkisvögel, kleine Federvögel und die seltenen Hawaii-Gänse Nene sind hier anzutreffen. Besonders spektakulär ist aber der Blick vom Kraterrand zum Sonnenauf- oder -untergang.

# MOLOKA'I

Die Haustür schließt hier niemand ab. Moloka'i, »the friendly island«, gilt als die friedlichste der Hawaii-Inseln. Nicht einmal Verkehrsampeln braucht es – ohnehin führt nur eine Straße aus der zentralen Siedlung Kaunakakai gen Osten und Westen. Feine, weiße Sandstrände, aus denen schwarze Lavafelsen ragen, wechseln sich ab mit üppig grünem Dschungel, in dem Wasserfälle wie die 75 Meter hohen Moa'ula Falls herabstürzen.

Die rund 8000 Inselbewohner bauen Wassermelonen und Kaffee an. Wild und spektakulär zeigt sich das Eiland an seiner Nordostseite: Hier fällt die mit tausend Metern höchste Meeresklippe der Welt senkrecht zum Wasser ab. Bewegt und bewegend ist die Geschichte der Halbinsel Kalaupapa. Von 1866 an kümmerte sich der belgische Missionar Pater Damian de Veuster um die Leprakranken, die man lange Zeit hierher verbannte.

# OAHU: HONOLULU

Oahu ist eine der acht Hauptinseln Hawaiis – doch weitaus bekannter als der Inselname sind Honolulu und Waikiki. Oahu besteht aus den beiden verbundenen Vulkanen Wai'anae und Ko'olau, der Gipfel des Ka'ala ist mit 1220 Metern der höchste Punkt der Insel. Die Stadt Honolulu – »geschützte Bucht« – mutet mit ihren Wolkenkratzern bis direkt an den Sandstrand sehr US-amerikanisch an. Die Hauptstadt Hawaiis und ihr berühmter Strand ziehen sonnenhungrige Besucher aus aller Welt an. Die Stadt zählt 337 000 Einwohner und erstreckt sich weit ins Land hinein, ihr Wahrzeichen ist der zehnstöckige Aloha-Tower. Der Stadtteil Waikiki mit seinem bekannten Hotelstrand und der Kalakaua-Flaniermeile ist unschlagbarer Besuchermagnet. Im nahen Truppenstützpunkt Pearl Harbor erinnert eine Gedenkstätte an die Opfer des japanischen Überraschungsangriffs im Jahr 1941.

# SURFEN

Was könnte besser das hawaiianische Lebensgefühl ausdrücken als der Surfergruß, eine Faust mit ausgestrecktem kleinem Finger und Daumen? »Hang Loose«, locker bleiben, beschreibt in zwei Worten den ganzen Geist des Wellenreitens: Es braucht Zeit, das Surfen zu lernen, Geduld, auf die perfekte Welle zu warten, und Mut, sich in meterhohe Brecher zu stürzen. Erfunden wurde die Wasser-Balancierkunst von den Polynesiern, als sie um 1000 n. Chr. aus Tahiti und Tonga nach Hawaii kamen. »Nalu« heißt das Wellenreiten auf hawaiisch und war immer schon weit mehr als nur Wassersport. An besonders guten Surfstellen errichtete man sogar Tempel für den Gott der Wellen. Zum weltweiten Siegeszug verhalf dem Surfen aber der olympische Schwimmer Duke Paoa Kahanamoku, als er 1912 in Kalifornien verblüfften Journalisten sein Können zeigte.

# HULA

»Hula ist die Sprache des Herzens und der Herzschlag des hawaiischen Volkes« – so beschrieb König David Kalākaua im 19. Jahrhundert den Stellenwert dieses Tanzes für die Menschen. Zuvor hatten Missionare den Hula aus dem Leben der Hawaiianer verbannt. Der König hingegen zelebrierte zu seiner Krönung selbstbewusst öffentliche Tanzvorführungen. Obgleich verwandt mit den Tänzen anderer polynesischer Völker, hat sich der Hula auf Hawaii ganz eigenständig entwickelt. Er erzählt immer eine Geschichte: Begleitet von Rhythmusinstrumenten aus Kürbis oder Bambus und zu Sprechgesängen folgen die Hula-Tänzer überliefert so alte Sagen, begleitet Rituale wie Hochzeiten – oder dient einfach der Unterhaltung. Hula wird bis heute in Hawaii in eigenen Schulen gelehrt. Enorm wichtig sind die Kleidung und der Schmuck.

## KAUA'I: WAIMEA CANYON STATE PARK

Der »Grand Canyon des Pazifiks« liegt auf der hawaiianischen Insel Kaua'i: 900 Meter tief und 16 Kilometer lang, zieht sich der riesige Riss durch rotbraunes Gestein. Geformt haben ihn über Jahrmillionen zwei Effekte. So markiert der tiefe Canyon die Grenze zwischen zwei enormen, unterschiedlichen Lavaschichten – als der erste Vulkangipfel von Kaua'i kollabiert war, trafen in dieser Mulde dickflüssige Lava aus dem Osten und dünnflüssige aus dem Westen aufeinander. Danach nagte sich dann der Waimea River durch den Riss, als er die heftigen Regenmengen vom Mount Wai'ale'ale ins Meer führte – einem der nassesten Orte der Welt. Heute ist der freigelegte Basalt zu vielen Rottönen verwittert. Überwuchert von grüner Wildnis, ist der nur 7,5 Quadratkilometer große Park mit vielen Wanderwegen eines der beliebtesten Besucherziele der Insel.

# KAUA'I: NA'PALI COAST STATE PARK

Diese Küste ist eine der spektakulärsten auf Hawaii. Viele schmale und tiefe Täler der »Garteninsel« Kaua'i enden hier abrupt am Pazifik. Während rauschende Flüsse und Wasserfälle das Innere der Täler prägen, dazu manch altes ummauertes Terrassenfeld der ersten Inselbewohner, ragt an der Küste das Meer am Fels. »Pali« heißen diese markanten Klippen, die bis zu 1200 Meter über den häufig eindrucksvollen Wellen aufragen. Der State Park zieht sich 26 Kilometer entlang Kaua'is Nordwestküste. Insgesamt umfasst er rund 25 Quadratkilometer, vor allem rund um das geschützte Kalalau Valley, in dem einige einzigartige Pflanzen gedeihen. Manche Besucher erreichen ihn per Boot oder Helikopter. Die meisten aber wandern auf dem Kalalau Trail mitten durch die Natur zahlreicher großer und kleiner Täler, bis sie nach 18 Kilometern Kalalau Beach erreichen.

# BILDNACHWEIS

Alamy = A; Corbis = C; Getty = G; Mauritius = M

Cover und S. 1: C/Lee Frost
S. 002-003 C/Ken Redding; S. 004-005 G/Leighton Wallis; S. 006-007 G/Panoramic Images; S. 008-009 G/Panoramic Images; S. 010-011 G/purestock; S. 012 C/Marc Adamus; S. 014 C/Tim Fitzharris; S. 016 G/Tony Shi; S. 018 C/Image Source ; S. 020 G/Thomas McConville; S. 022 Look/Minden Pictures; S. 025 M/Alamy; S. 027 C/George H.H. Huey; S. 029 C/Ron Dahlquist; S. 030-031 G/Slow Images; S. 033 G/Panoramic Images; S. 035 C/Frank Burek; S. 036-037 C/Alan Copson ; S. 039 G/Denis Jr. Tangney; S. 041 C/James Randklev; S. 043 G/Panoramic Images; S. 045 G/Adam Jones; S. 046-047 C/Jon Hicks; S. 049 G/Jake Rajs; S. 051 C/Franz-Marc Frei; S. 053 G/Joseph Sohm; S. 055 G/Tom Schwabel; S. 057 G/Michael Melford; S. 058-059 G/Michael Melford; S. 061 C/Jonathan Blair; S. 063 G/Jim Salvas; S. 065 C/Stefano Amantini; S. 066-067 C/Richard T. Nowitz; S. 069 C/Paul Hardy ; S. 070-071 G/Sascha Kilmer; S. 073 G/Jumper; S. 075 H. & D. Zielske; S. 077 G/Steve Kelley aka mudpig; S. 079 G/David Clapp; S. 080-081 G/Craig Hudson; S. 083 C/Geo Rittenmyer; S. 085 C/Jose Fuste Raga; S. 087 H. & D. Zielske; S. 089 Look/SagaPhoto; S. 091 M/Alamy; S. 093 H. & D. Zielske; S. 095 H. & D. Zielske; S. 097 G/Marilyn Nieves; S. 099 H. & D. Zielske; S. 101 H. & D. Zielske; S. 103 H. & D. Zielske; S. 105 H. & D. Zielske; S. 107 Look/Rainer Martini; S. 109 C/Jon Hicks; S. 111 H. & D. Zielske; S. 113 C/Jon Hicks; S. 114-115 C/Michael Kai; S. 117 C/Andria Patino; S. 119 G/Ronald Martinez; S. 121 G/Tetra Images; S. 123 G/Vito Palmisano; S. 125 G/Allan Baxter; S. 127 G/Greg Pease; S. 129 G/Greg Pease; S. 131 G/WOWstockfootage; S. 133 C/Brooks Kraft; S. 135 C/Massimo Borchi; S. 137 C/Richard T. Nowitz; S. 139 G/Greg Dale; S. 141 G/Andrea Pistolesi; S. 143 C/John Henley; S. 145 G/Tim Fitzharris ; S. 147 G/Greg Dale; S. 148-149 A/Prisma Bildagentur AG; S. 151 C/Richard T. Nowitz; S. 153 C/Ron Watts; S. 155 C/Blaine Harrington III; S. 157 C/Joe Sohm ; S. 159 G/Jumper; S. 161 C/Natural Selection Robert Cable; S. 162-163 G/Panoramic Images; S. 165 G/Panoramic Images; S. 167 G/Panoramic Images; S. 169 G/Corey Hilz; S. 171 Look/age fotostock; S. 173 C/Bob Krist; S. 175 G/Danita Delimont; S. 177 G/Altrendo Nature; S. 179 G/Farrell Grehan; S. 181 C/Jim Richardson; S. 183 Look/age fotostock; S. 185 G/Linda Henderson; S. 187 G/Bruce Bordelon; S. 189 G/Jeremy Woodhouse ; S. 191 Look/age fotostock; S. 193 C/Arthur Morris; S. 195 G/Zerega; S. 196-197 G/Zerega; S. 199 C/Martyn Goddard; S. 201 C/NASA/Bill Ingalls; S. 203 G/Panoramic Images; S. 205 C/Guido Cozzi; S. 207 M/Alamy; S. 209 Look/age fotostock ; S. 211 G/Murat Taner; S. 212-213 C/Tim Kiusalaas; S. 215 Look/Ingolf Pompe; S. 217 C/Tim Kiusalaas; S. 218-219 G/Panoramic Images; S. 221 G/Panoramic Images; S. 222-223 G/Panoramic Images; S. 225 Look/The Travel Library; S. 227 Look/Rainer Martini; S. 229 C/Stephen Frink; S. 231 C/Onne van der Wal; S. 233 M/Alamy; S. 235 C/Reinhard Dirscherl; S. 237 C/Arthur Morris; S. 239 G/Michele Westmorland; S. 241 Look/age fotostock; S. 243 C/Walter Bibikow; S. 245 G/Vito Palmisano; S. 247 M/Alamy; S. 249 C/Markos Berndt; S. 251 G/Panoramic Images; S. 253 G/Michael Crowley; S. 255 G/John McCormick; S. 257 G/Ian Spanier; S. 259 G/Julie Hucke; S. 261 G/Thomas Damgaard Sabo; S. 263 G/Stephen Alvarez; S. 265 C/Walter Bibikow; S. 267 G/Greg Benz (CarbonSilver Photogra; S. 269 C/Jim Brandenburg; S. 271 C/Joseph Sohm; S. 273 G/Panoramic Images; S. 275 C/David Muench; S. 277 G/Michael Crowley; S. 279 G/Kaz Mori; S. 281 C/Bob Krist; S. 282-283 G/Greg Pease; S. 285 C/Stefano Amantini; S. 287 C/Stefano Amantini; S. 289 G/Doug Pensinger; S. 291 G/Panoramic Images; S. 293 G/Sam Kittner; S. 295 C/Macduff Everton; S. 297 C/Shin Yoshino; S. 299 Look/Franz Marc Frei; S. 301 C/Nik Wheeler; S. 302-303 C/Tim Fitzharris; S. 305 C/Michele Falzone; S. 306-307 C/Tim Fitzharris; S. 309 G/Kenneth M Highfill; S. 311 Look/age fotostock; S. 313 G/Michael Melford; S. 314-315 G/Daryl L. Hunter; S. 317 G/Terry Wilson; S. 318-319 G/Panoramic Images; S. 321 G/Volkmar Wentzel; S. 322-323 G/Ascent Xmedia; S. 325 G/Jeffrey Murray; S. 327 G/Danita Delimont; S. 329 G/jp2pix.com; S. 331 C/William Whitehurst; S. 333 G/Dieter Schaefer; S. 335 C/Scott Harrison; S. 336-337 C/Ed Darack; S. 339 C/Raimund Koch; S. 341 C/Scott Smith; S. 343 G/Panoramic Images; S. 344-345 C/Michael Rucker; S. 347 M/Alamy; S. 348-349 G/Jeffrey Murray; S. 351 G/Sean Bagshaw; S. 352-353 G/Jeffrey Murray; S. 355 C/Marc Adamus; S. 356-357 C/Yva Momatiuk & John Eastcott; S. 359 C/Tim Fitzharris; S. 360-361 C/Tim Fitzharris; S. 363 C/Frank Krahmer; S. 364-365 C/Lee Frost; s. 367 G/Michael Melford; S. 368-369 G/Tony Sweet; S. 371 M/Alamy ; S. 373 C/Yva Momatiuk & John Eastcott; S. 375 M/Alamy; S. 376-377 M/Alamy; S. 379 C/Tim Fitzharris; S. 381 C/Blaine Harrington III; S. 382-383 C/Ed Darack; S. 385 G/Cornelia Doerr; S. 387 C/George Diebold ; S. 389 C/Tim Fitzharris; S. 391 C/Tim

Fitzharris, S. 393 C/Terry W. Eggers, S. 394-395 C/Terry W. Eggers, S. 397 C/Dan Ballard, S. 399 C/George H H Huey, S. 401 C/Momatiuk - Eastcott, S. 403 C/Tim Fitzharris, S. 404-405 C/Gerald French, S. 407 C/Tim Fitzharris, S. 409 C/Michele Falzone, S. 410-411 C/Stephen Alvarez, S. 413 G/Fotosearch, S. 415 G/Daniel Osterkamp, S. 416-417 G/Altrendo Panoramic, S. 419 G/David Kadlubowski, S. 421 C/Joseph Sohm, S. 423 C/Tim Fitzharris, S. 424-425 C/James Randklev, S. 427 C/George H H Huey, S. 429 Look/age fotostock, S. 431 C/Saguaro, S. 433 C/Morey Milbradt, S. 435 G/Morey Milbradt, S. 437 Look/Millennium Images, S. 439 G/Witold Skrypczak, S. 441 Look/age fotostock, S. 443 C/Nik Wheeler, S. 445 Look/age fotostock, S. 447 C/Radius Images, S. 449 C/Steven Vidler, S. 451 C/Joseph Sohm, S. 453 C/Konrad Wothe, S. 455 C/Kevin Schafer, S. 457 C/Macduff Everton, S. 459 C/Kevin Vandivier, S. 461 C/Tim Fitzharris, S. 463 C/Tim Fitzharris, S. 465 C/Tim Fitzharris, S. 467 G/Ian Shive, S. 469 C/Lynn Goldsmith, S. 471 G/Donovan Reese, S. 472-473 Look/age fotostock, S. 475 C/Will Van Overbeek, S. 477 C/Richard Cummins, S. 479 C/Murat Taner, S. 481 C/George H.H. Huey, S. 483 G/Panoramic Images, S. 485 C/Richard Cummins, S. 487 C/Tom Schwabel, S. 489 G/Vito Palmisano, S. 490-491 C/Greg Probst, S. 493 C/Cornelia & Ramon Doerr, S. 494-495 G/Altrendo Panoramic, S. 497 C/Panoramic Images, S. 499 G/Randall J Hodges, S. 501 C/Danita Delimont, S. 502-503 M/Alamy, S. 505 C/Kevin Schafer, S. 507 C/Dennis Flaherty, S. 509 C/Sara Winter, S. 511 C/Gary J Weathers, S. 513 G/Panoramic Images, S. 515 C/Philippe Widling, S. 516-517 C/Joe Sohm, S. 519 C/Gerhard Zwerger-Schoner, S. 521 G/Panoramic Images, S. 523 C/Kapple keith, S. 525 C/Craig Tuttle, S. 527 C/Craig Tuttle, S. 529 C/Michael Melford, S. 531 C/Frank krahmer, S. 533 C/Darrell Gulin, S. 535 C/Scott Smith, S. 537 C/Tim Fitzharris, S. 539 C/Darren White Photography, S. 540-541 G/Marc Adamus, S. 543 C/Randall Levensaler Photography, S. 544-545 G/Panoramic Images, S. 547 C/Rachid Dahnoun, S. 549 C/Macduff Everton, S. 551 C/Paul A Souders, S. 553 C/Charles O'Rear, S. 555 C/David H. Collier, S. 556-557 C/Ben Neumann, S. 559 G/Richard Cummins, S. 561 G/Ropelato Photography, S. 563 C/Ed Darack, S. 564-565 G/Ron Fletcher Photography, S. 567 C/Agustin Rafael C. Reyes, S. 569 A/Russell Kord, S. 571 G/Livio Sinibaldi, S. 573 C/Mathew Spolin, S. 575 G/Neil Farrin, S. 577 C/Rudy Sulgan, S. 579 Look/age fotostock, S. 581 G/Andrea Pistolesi, S. 583 C/Alan Copson, S. 585 C/Pietro Canali, S. 587 C/Jeffrey A. Cable, S. 588-589 C/John Lund/Tom Penpark, S. 591 C/Patrick Smith, S. 593 C/Zoiashine, S. 596 C/Doug Meek, S. 597 Look/age fotostock, S. 599 C/Alan Copson, S. 601 C/Patrick Smith, S. 603 C/Macduff Everton, S. 605 C/age fotostock, S. 607 G/Pinya Photography, S. 609 C/Richard Bryant, S. 610-611 G/Panoramic images, S. 613 C/Martin kreuzer, S. 615 C/Gavin Hellier, S. 617 M/age, S. 619 C/Ann Johansson, S. 621 C/Jon Hicks, S. 623 Huber/Susanne kremer, S. 624 C/Wa Goldwasser, S. 627 G/Jeffrey Fang, S. 629 C/Gerhard Zwerger-Schoner, S. 631 C/Frank krahmer, S. 632-633 C/Tim Fitzharris, S. 635 C/Bill Stormont, S. 636-637 C/Michael T. Sedam, S. 639 G/Rick Goldwasser, S. 641 C/Wa Momatiuk & John Eastcott, S. 642-643 C/James Randklev, S. 645 C/Bob Kristi, S. 646-647 G/Bertl

mann, S. 649 G/Alice Cahill, S. 651 G/Joseph Sohm, S. 653 G/Steve Skinner Photography, S. 655 C, S. 656-657 C/Kenneth S. Zirkel, S. 659 C/Wa Momatiuk & John Eastcott, S. 661 M/Alamy, S. 663 C/Tim Fitzharris, S. 664-665 G/Michael Melford, S. 667 C/Paul Souders, S. 669 C/Jan Tove Johansson, S. 671 C/Wayne Lynch, S. 673 C/Wa Momatiuk & John Eastcott, S. 675 C/Johnny Johnson, S. 677 C/Mark A Stadskiev, S. 679 C/Michael Melford, S. 681 G/Werner Van Steen, S. 682-683 G/Paul Andrew Lawrence, S. 685 C/Jim Endres, S. 686-687 G/Christina krutz, S. 689 C/Jim Brandenburg, S. 690-691 G/Panoramic Images, S. 693 C/Liz Hymans, S. 695 C/Danita Delimont, S. 696-697 C/Mark A. Johnson, S. 699 C/Carl Johnson, S. 701 G/Danita Delimont, S. 703 G/Ron Erwin, S. 705 C/Mathias Breiter, S. 706-707 C/Mathias Breiter, S. 709 G/Jeffrey A. Cable, S. 711 G/Art Wolfe, S. 713 C/Stuart Westmorland, S. 715 G/Patrick Smith, S. 717 G/Ed Freeman, S. 719 M/Alamy, S. 721 C/Chad Ehlers, S. 723 Look/Design Pics, S. 725 G/Greg Elms, S. 727 G/Bob Pool, S. 728-729 G/Don Smith, S. 731 C/Frans Lanting, S. 732-733 G/Macduff Everton.

S. 001: Bryce Canyon National Park, S. 002-003: Teton Range, S. 004-005: Golden Gate Bridge, S. 006-007: Arches National Park, S. 008-009 Oak Alley Plantation, S. 010-011, Shillii Rock State Park, S. 012-013: Columbia River Gorge, S. 014-015-Roosevelt National Park, S. 016-017, NY Flatiron Building, S. 018-019 Florida keys, S. 020-021 San Francisco, S. 022-023: Kenai Fjords National Park

# IMPRESSUM

© 2015 Kunth Verlag GmbH & Co. KG
Königinstraße 11
80539 München
Telefon +49.89.45 80 20-0
Fax +49.89.45 80 20-21
info@kunth-verlag.de
www.kunth-verlag.de

Printed in Asia

Texte: Anke Benstem, Anja Kauppert,
Andrea Lammert, Dörte Saße

Alle Rechte vorbehalten. Reproduktionen, Speicherung in Datenverarbeitungsanlagen, Wiedergabe auf elektronischen, fotomechanischen oder ähnlichen Wegen nur mit der ausdrücklichen Genehmigung des Copyrightinhabers.
Alle Fakten wurden nach bestem Wissen und Gewissen mit der größtmöglichen Sorgfalt recherchiert. Redaktion und Verlag können jedoch für die absolute Richtigkeit und Vollständigkeit der Angaben keine Gewähr leisten. Der Verlag ist für alle Hinweise und Verbesserungsvorschläge dankbar.